JN044145

老後ひとり暮らしの壁

山村秀炯
Yamamura Syukei

身近に頼る人がいない人のための解決策

アスコム

この本は、終活の本ではありません。
これからのひとり暮らしを
もっと安心して楽しむための本です。

はじめに

「おひとりさま」は案外、快適なものです。

自由気ままに生きられる。
好きなものを食べて、好きなときに好きなだけ眠る。
誰にも怒られないし、指図されることもない。
何をやっても、やらなくても構わない。
人間関係のわずらわしさもない。

独居老人が不幸だとか、孤独死が悲惨だとか、そんなイメージを持っている人もいるかもしれません。でも**老後の自由な時間をひとりで謳歌している人だって、たくさんいます**。

少し古いデータですが、内閣府が発表した資料では、**ひとり暮らし高齢者世帯の73・9％が生活に「満足」「まあ満足」**と答えています（平成18年「世帯類型に応じた高齢者の生活実態等に関する意識調査」）。

おもしろいところでは、大阪府門真市の医師・辻川覚志氏が60歳以上の４８４名にアンケートをとったところ、**生活の満足度が高いのは同居よりも独居だった**と著書で明かしています（『老後はひとり暮らしが幸せ』、水曜社）。

そもそも、**老後のひとり暮らしは珍しいものではありません**。

夫や妻に先立たれた人もいます。離婚してひとりに戻った人もいます。子どもがいても、あえて離れて暮らす人は少なくありません。子どもの負担になりたくないと、同居を拒む人もいるでしょう。近年は、生涯独身の人も増えてきました。

実際に日本の65歳以上が暮らす世帯のうち、ひとり暮らしの人は28・8％（2019年「国民生活基礎調査の概況」厚生労働省）。夫婦のみの世帯も32・3％で、いずれはひとり暮らしになると考えられます。

決して他人事ではない、「おひとりさま」の時間。どうせなら、晴れ晴れとした気持ちで最期まで生きていきたいですよね。

老後ひとり暮らしには「壁」もある

私はひとり暮らしの方の部屋の片付けや、介護施設などのご紹介、または亡くなられた方の遺品整理の専門家として、たくさんの「おひとりさま」の生活に触れてきました。

出会った方の多くはこんなふうに言います。

「自分のことは自分でやりたい」

「この歳になって他人に迷惑をかけたくない」

できるだけ自立して生きていきたい、ということでしょう。

しかし、あまり考えたくないことですが、**老後のひとり暮らしには、若い頃や家族と暮らしているときとは違った「壁」がある**のは事実です。

以前、こんな方に出会いました。

ある70代の男性です。**とにかく他人の世話になるのが嫌で、人付き合いをほとんどしないで暮らしていました**。もともと建築関係のお仕事をされていて体力には自信があったようですが、無情にも体は衰えていきます。私がお会いしたときは、すでに足を悪くされていて下半身の自由がきかず、這いずるようにして部屋の中を移動していました。それでもなお、**人の手は借りたくないし、頼る人もいない**のです。

自由なひとり暮らしを手放したくないために、施設への入居は頑なに拒んできたそうです。しかし**自由でありたい気持ちとは裏腹に、自分でできることは減っていきます**。買い物にも満足に出かけられないため、甥が定期的に食料や日用品を届けていますし。食事やお風呂などは訪問介護のヘルパーさんの助けでなんとか成り立っている状況でした。

これは、ご本人の意思を最大限に尊重してきた結果ですし、望んだとおりの状態なのかもしれません。でも、最期まで自立して生きていくには、乗り越えるべき壁があることを意識せざるを得ませんでした。

急に身体が思うように動かなくなったり、入院を余儀なくされたり、介護施設や老人ホームへの入居が必要になったり。

あるいは、認知機能が衰えてしまって、いろんな契約ごとが自分の意思で行えなくなったり、お金を自由に使えなくなったり。入院が必要なのに、保証人や身元引受人が見つからず、なかなか入院できないケースもあります。

このように突然、「いつかこうしよう、ああしよう」と思っていたことができなくなってしまうことがあるのです。

元気じゃなくなったときの準備は、元気なうちにしかできません。

壁をうまく越えるには？

多くのおひとりさまとお会いする中で感じるのは、「壁」を上手に越える人と、「壁」を見て見ぬ振りをする人がいること。そして、**うまく「壁」を越えられる人ほど、自分の生き方に納得していて、幸せに暮らしている**ように思えます。

もちろん、幸せかどうかはご本人の感じ方によります。ただ、私が実際に暮らしぶりや部屋の様子を見ていると、**何の不安も後悔もなくスッキリとされている方には、ある共通したコツがありました。**

それはこの2つです。

- **自分でできないことが増えても、自分で決める**
- **孤独は適度に楽しみながら、孤立はしない**

たとえば、老後ひとり暮らしの人の関心事に、住み替えの選択や相続があります。

私が生前整理の仕事で出会った80代のひとり暮らし女性は、それまで暮らしていた一戸建ての広い家を処分することに決めました。もともとは旦那さんと住んでいたのが先立たれ、そのままひとりで住み続けていたのです。ところがあるとき急に倒れてしまい、数か月の入院を余儀なくされてしまいました。困ったのは入院中の家の世話です。

退院後に家に戻ると、庭は荒れ放題でした。その光景を見て**「ひとり暮らしはもう無理だ」と痛感し、老人ホームへの入居と家の処分を決めた**のだそうです。

長く暮らした家には愛着もあったでしょうし、勝手知ったる土地から移るのは不安もあったでしょう。それでも、**自分ではどうにもならなくなる前に、自分で住み替えを決めた**のです。

また別の女性は、**趣味で集めた着物や食器をどんどん処分しています**。私が見ていて「ああ！　もったいない……」と思ってしまうほどの思い切りのよさです。

きっかけは、まだ元気とはいえ「もう以前のように体が動かない」と自覚したこと。だから**いまのうちに自分の望むように処分しておきたい**のです。

コレクションの中には値打ちがあるものもあります。しかし、もしこのまま相続財産になってしまうと、価値をよく理解していない遺族に渡ってしまう可能性があります。それは本望ではないし、作品にとっても不幸なことだと彼女は考えていました。そこで、**値打ちがわかる仲間や友達に譲り、使ってもらったほうがよい**というわけです。

ひとりは自由だし、誰からも指図されない。だからこそ、**自分の意思で決められることは決めておく。**これができる人は自分の人生に納得して、幸せに生きているように思えます。

あなたが理想とするのはどんな「おひとりさま」でしょうか?

衰えをマネジメントする

もしものときの備えや生前整理を「終活」といいますが、なんとなく人生を終わらせる寂しさも感じて、前向きに取り組めない人もいると思います。でも私が会ってきた老後おひとりさま達は、ちょっと視点が違いました。なるべく周りに世話や迷惑をかけないように、**納得していまを生きるために、衰えをマネジメントしているのです。**

誰でも必ず体は衰えていきます。お金も無限ではありません。

壁を怖がるより、乗り越えるコツを知っておいて気楽に過ごしませんか。

いますぐ何かに取り組んだり、生活環境を変えたりするのは難しいかもしれません。でも**「何かあったら、こうすればいい」とわかるだけで気が楽です。**

これから立ちはだかる壁とその対策を知っておいて損をすることはありません。実行するかどうかは、あなた次第です。もしぼんやりした不安を抱えているとしたら、ぜひこの本を役立ててください。

第2章　壁を越える人と、見て見ぬ振りをする人の違い

第3章 お金の壁

第4章 健康の壁

第5章　心の壁

第6章 介護の壁

第7章 死後の壁

第1章

自分らしく生きる「おひとりさま」

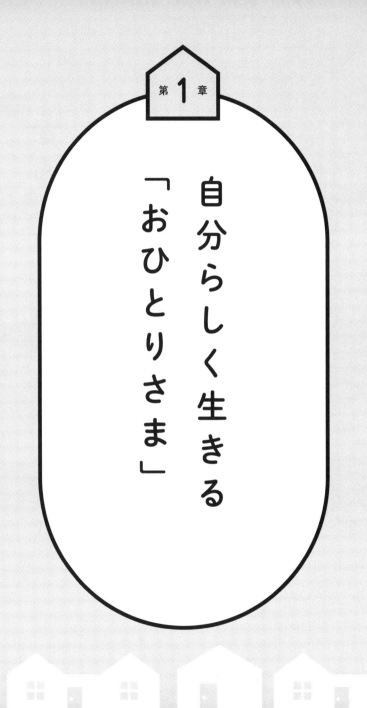

なんでもお願いできる人は意外と身近にいない？

「自分に何かあったらよろしく頼むよ！」

ひとり暮らしの友人に、以前こんなことを言われました。

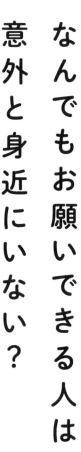

その友人は阿久津さん（仮名）という60代の男性です。重い病を抱えていたり、死期を悟っていたりするのか？　と思うかもしれませんが、そうではありません。特に健康不安もなく、定年後の人生をバリバリ謳歌しています。いつ会っても楽しそうで、いきいきしていて理想の人生の先輩です。

もともとは結婚されていたのですが、いまはいわゆる「おひとりさま」。子どもはいなくて、**60歳で定年になったのをきっかけに夫婦で話し合って離婚することに決めた**といいます。

もちろん不仲だったわけではありません。お互いに別々の趣味があって、その趣味のコミュニティで過ごすのが快適なので、**「相手に気を遣いながら一緒に暮らすより、お互いに自由に生きたほうがいい」**と発展的解消に至ったそうです。いまは価値観が多様化していますし、いわゆる「熟年離婚」も増えているといいますから、特別不思議な選択ではありませんよね。

阿久津さんの趣味はゴルフ。かなり本気でやっていて仲間もたくさんいます。ひとり暮らしが寂しくないのかといえば、家に帰ると犬が待っているので寂しくはないそうです。

そんな中で、半分冗談、半分本気のような感じで、ふと口をついて出たのが「何かあったらよろしく」という言葉でした。

なぜ身内でもない私にそんなことを言うのだろう？　まだまだお元気なのに？

私が老後ひとり暮らしの方々の部屋の片付けや、介護施設のご紹介、生前整理などを仕事にしている専門家だからでしょうか。

いや、それだけじゃないでしょう。

身の回りの〝面倒なこと〟を気軽に頼める人は、意外と身近にはいないものなのかもしれません。

子どもはいないし、別れた奥さんにも頼みにくい。かといって兄弟姉妹や親戚にもアレコレと面倒ごとをお願いするのは気が引けてしまう。**歳をとると、人に頼み事をしづらくなる**感じは、なんとなくわかりますよね。そんな微妙な心情があって、かえって私のような第三者のほうが頼みやすいのではないでしょうか。

8割の人がひとり暮らしに不安

三菱UFJリサーチ&コンサルティングの調査では、**40代以上の8割が老後のひとり暮らしに「大いに不安」「やや不安」と回答しています**（平成27年度少子高齢社会等調査検討事業報告書）。不安の内容を見ると、「病気」「介護」「買い物などの日常生活」のほか、「日常会話の相手がいない」「悩みを相談する相手がいない」という回答が並びます。

また、2014年に内閣府が発表した「一人暮らし高齢者に関する意識調査」でも、**悩みの上位に「頼れる人がいなく一人きりである」ことが挙げられています。**しかも「誰かと一緒に暮らしたいか」というと、76・3%が「ひとりでよい」と答えているそうです。

歳をとれば健康不安があるのは当然です。そしてそれは、**介護の世話や入院の手続**

き、もっといえば死後の手続きや相続をどうするか？という悩みにつながります。

阿久津さんは、ひとり暮らしでいま困っていることはありません。でも、**いざ何かがあったときのことを、まったく考えない年齢でもない。**そんなときに、自分は誰に何をしてもらう必要があるのかわからず、ぼんやりとした不安が頭の片隅にあるのだと思います。

これから立ちはだかる、老後ひとり暮らしの壁がなんとなく見えているのでしょう。

いつまでも自立していたい！

ひとり暮らしをされている人の考え方は様々ですが、大前提は大きく2つに分かれます。

・元気なうちは好きなように暮らして、**自分がいなくなった後のことには関心がない。**
万が一のことがあっても、あまり手間をかけずに処理してほしい

・できるだけ周りの人に手間や面倒をかけず、最期まで自立して暮らしたい。**自分がいなくなった後のことも、ある程度は自分が望むようにしたい**

あなたの考えはどちらに近いでしょうか？

私はこれまで仕事を通じてたくさんの「おひとりさま」にお会いしてきましたが、多くの人が後者、つまり「自立していたい」という考えでした。

私の場合は生前整理や部屋の片付けを依頼されることが多いので当たり前かもしれませんが、皆さん、**近しい人にほど世話をかけたくない**ようです。

一方で、**自分がいなくなった後のことは気にならない、という人は、死後の手続き**

や葬儀、相続のこともほったらかしにする場合があります。これも実は「面倒だろうから適当に済ませて構わないよ」という気持ちがあったりするのですが、実際には残された人が困ってしまうケースが少なくありません。思いがけない遺産が出てきたり、相続人がなかなか見つからなかったり、スムーズに手続きが進められないことがあるからです。中には親族内の揉め事に発展するケースもあります。

それも含めて「死んだ後はどうでもいい」というなら仕方がありませんが、**世話をかけたくないのに、かえって人の負担になっているとしたら残念**ですよね。

私は阿久津さんの言葉をきっかけに、おひとりさまの潜在的なニーズを知り、おひとりさまサポートの仕事を本格的に始めました。それはこの本を書いた大きな理由でもあります。**ひとり暮らしは悪くない。でも、なんとなく不安はある。とはいえ身近に頼る人がおらず、何からどう手をつけていいかわからない。**

そんなおひとりさまが、実は多いのではないでしょうか。

いきいきと人生を楽しむおひとりさまたち

私はこれまで、生前整理や介護施設のご紹介、相続のご相談、遺品整理といった仕事を通じて、たくさんのおひとりさまに出会い、部屋や暮らしぶりを目にしてきました。

中には、様々なひとり暮らしの壁にうまく折り合いをつけて、充実したおひとりさま生活を送っている人が何人もいます。

住み慣れた家を思い切って離れる

久住さん（仮名）は70代後半のひとり暮らし女性です。娘さんが結婚して家を出てからご主人とふたり暮らしだったのですが、そのご主人も亡くなられて、ご家族で暮らしていた郊外の分譲マンションにひとりで住むことになりました。

老母のひとり暮らしを心配したのは娘さんです。「お金は私が出すから」。そう言って自宅近くの老人ホームへの入居をすすめ、久住さんもそれを受け入れることにしました。

久住さんの趣味はバルコニーでのガーデニングでした。部屋の中にも観葉植物の緑があふれていました。ところが、移り住む老人ホームでは個室のスペースが限られていて、それまでと同じようにガーデニングを楽しむことができません。しかも、それまでに育てた植物たちもすべては持っていくことができず、処分しなければなりませんでした。

そこで整理のために呼ばれた私が部屋を訪れると、すでに必要なものと不要なものはあらかた分けられていました。不要なものの中には、大切にしていたであろうガーデニングの道具も含まれています。

「これも捨てていいのですか？」

確認のために尋ねたときの答えが印象的でした。

「私、これからは都心に住むことになるでしょう。だから趣味をガーデニングから街の散策に変えることにしたの。**老人ホームに閉じこもりになるのもつまらないから、アウトドア派に転向するのよ**」

その言葉どおり、久住さんは毎日のように外出して、近所に住む娘さん夫婦や孫とも親しく交流されているそうです。

松島さん（仮名）は80代前半の女性です。数年前にご主人に先立たれて、広い戸建てでひとり暮らしをしていました。

生前のご主人が書道教室を、松島さんが華道教室を自宅で開いていたため、ひとりで住むにはその家は大きすぎます。それでも、庭で花を育てるのが趣味だった松島さんは、広すぎる庭付きの戸建てを維持してきたそうです。

しかし80代に入り、いろいろと無理が利かなくなってきました。そうして、**ある日突然に倒れて入院することになった**のです。

入院してしまえばあとはお医者さんや看護師さんが面倒を見てくれるのですが、問題はその後です。

松島さんには子どもがいなかったので、入院中に家の面倒を見てくれる人がいませ

んでした。数か月後に退院した松島さんは、荒れてしまった庭を見て、もうひとり暮らしは無理だと決心して、家を処分することにしました。

現在、松島さんは病院が運営する老人ホームで暮らしています。

さいわい、後遺症はほとんど残らなかったので、趣味としてお花を活けることと、たまの旅行を生きがいとして楽しく暮らしているそうです。

変わったところでは、こんな人もいました。

生活保護で暮らしているという60代の独身男性、武藤さん（仮名）です。生活保護では一戸建てを持てないので、**狭いワンルームへ引っ越すことになり、ほとんどの家財を処分してほしい**という依頼でした。

慣れ親しんだ家を手放すというのは、喪失感や「都落ち」のような感覚があって、しょんぼりされる方が多いのですが、武藤さんには悲壮感がまったくなくて常に陽気でした。「好きにやってくれ」と持ち物に執着する様子もなく、生活保護のお金の中で十分に楽しんでいる様子が伝わってきました。

高齢者のひとり暮らしは、どこかで住み替えや施設への入居を考えるときがきます。そのきっかけの多くは、認知症などの健康問題か、お金の問題です。久住さんたちのように早めに自分で決断し、いままでの生活に固執するのではなく、すっぱりと新しいライフスタイルを選べるというのは素敵ですね。

無理な人付き合いはしない

「もしかしたら、また結婚することがあるかもしれないじゃない?」

そう言っていたずらっぽく笑った顔が忘れられないのは、70代の片岡さん（仮名）です。

片岡さんは若い頃に離婚されて、それからずっとひとり暮らし。とにかくいつも身ぎれいにしていて、仲の良い友達に恵まれて毎日を楽しく過ごされている姿が印象的でした。

住んでいるお部屋も、いつ誰が遊びに来てもいいようにきちんと片付いています。実際に、ときどき友達を呼んでホームパーティをしているようです。

本気で再婚の願望があるかといえば、特に執着していないのが本当のところでしょう。むしろ、ひとりの時間をとても大切にしていて、ひとり暮らしの快適さを手放すつもりはなさそうです。

ひとりの時間と、人に会う時間をバランスよく楽しんでいる片岡さんは、私たちから見ても魅力的なおひとりさまでした。

元スナックのママの北野さん（仮名）は80代後半ですが、びっくりするほど向上心に溢れています。**生花や書道やパソコンなど、自分が興味を覚えたことはすぐに学び**

始めるそうで、いくつかは免状まで取得しています。習い事教室を複数掛け持ちしていて、そこでできた友達も多く、コミュニティのリーダーとして忙しくしています。

北野さんはお年柄、自分が亡くなった後のこともよく考えているそうです。そのための生前整理として私たちが呼ばれて、知り合いました。

遺産は親戚に譲るのではなく、様々な活動を通して知り合ったボランティア団体に全額を寄付するつもりでいます。私は素直にかっこいいと思いました。

片岡さんや北野さんは、適度な人付き合いのよいお手本です。正直、人間関係にはわずらわしい部分もありますから、**好きな人とは交流するけど、無理はしないというのは理想です。**

あえて財産を残さない

林さん（仮名）も80代後半で、**相続のことを気にしています。**というのも、亡くなったご主人が事業を行っていて、いくつかの不動産を林さんが受け継いでいるからです。林さんには、娘さんとお孫さんがいます。不動産などは、税理士さんに入ってもらって娘さんに相続させるつもりですが、それよりも気になるのは自分が趣味で集めた着物や食器のコレクションです。

戸建てに住んでいる林さんの部屋には、着物箪笥が三棹、大きな食器棚が二本あります。その中には、長年かけて集めてきた着物と食器がしまわれているのです。

林さんは、いまこれらの**コレクションをどんどん処分しています。**私たちから見ても、そこまで減らす必要はないのではないかというほどの勢いです。

「もう、私は絶対に着ることはないし、娘も欲しがらないから、いらないの」

林さんはそう言います。

「**でもね、いいものもあるから、それは価値のわかる人にあげたいの。それで、よくないものは捨てて身軽になりたい。**だって、この先、使うことはないんですもの」

林さんがモノの処分を急ぐのは、**自分自身の体が動かなくなってきているのを自覚しているから**です。

「重いものが持てなくなってきているし、階段の上がり下りもゆっくりにしかできなくなっているの。家が広いのも考えものね。ひとり暮らしには広すぎるし、モノが多すぎるわ」

たしかに、着物や食器など、その手のものの価値がわかる人は多くありません。価値のわからない遺族の手に渡ると二束三文で処分されてしまう危険性があります。それなら、**自分がしっかりしているうちに、同じ趣味の仲間や弟子などに譲るほうが、その相手にとっても着物や食器にとっても、どれだけ幸せなことかわかりません。**

林さんのような片付け方は高齢者の終活のひとつの理想なのかもしれません。

死の準備ではなく、楽しく生きるために壁を越える

ここまで何人かの理想的なおひとりさまを紹介してきました。私はこの方々と実際に接してきて、とても素敵だなあと憧れを抱く一方で、少し複雑な気持ちになることもありました。

なぜなら、**遺品整理の仕事をしていると、「果たして幸せだったのだろうか」と考えてしまうような孤独死の現場にも遭遇する**からです。

キラキラしたおひとりさまと、無造作に遺品が残された静かな部屋。

両方を見ているからこそ、そのギャップが強く印象に残ります。

私が遺品整理に訪れた家の中には、故人が病気で苦しんで亡くなったであろうことがありありと刻まれた部屋がいくつもありました。吐血のあと。壁をかきむしったようなあと。ご遺体を目にすることは滅多にありません。でも、**故人が毎日使っていた食器や、愛用していた部屋着、靴、時計、ちゃぶ台……そんな「生きていた証」を整理していると、故人の生活の様子や生き様が浮かび上がってきます。**

遺品には、大きく分けると3種類あります。

1つ目は、手紙や写真や日記やスマホやパソコンなど、**ごく個人的でその人を直接に知る親しい人にとってだけ意味がある遺品**です。これらの遺品は集めて遺族や依頼人に引き渡します。

2つ目は、テレビや冷蔵庫や洗濯機などの大型家電品、カメラやゲーム機や楽器などの工業製品、貴金属やアクセサリー、腕時計、着物、蔵書、ＣＤなど、**換金が可能かもしれない品物**です。これらは私たちで査定して買い取ります。

3つ目は、賞味期限切れの食べ物、着古した洋服、履きつぶした靴、古い棚、箪笥、食器など、**買い取りが不可能な不用品**です。これらはごみとして処分することになりますが、そういったものにおうおうにして故人の生き様が見えるのです。

孤独死の本当の問題

とある「おひとりさま」の話をさせてください。

その方は30代の男性で、独身で賃貸アパートの2階でひとり暮らしをしていました。

まだ若いのですが肥満体質で、糖尿病と高血圧をわずらっていました。

その病気が原因で自宅で亡くなったのですが、**救急車を呼ぶこともなくひっそりと亡くなったので、誰にも気づかれないままに何週間も経過してしまいました。**

仕事はしていたのですが、どうやら毎日オフィスに出勤するような働き方ではなかったようで、**連絡が取れなくなっても自宅まで訪ねる人がいなかった**ようなのです。

普段からきちんと連絡するようなタイプでないと、特に若い男性の場合は、衝動的に旅に出るなんてこともあるだろうと、それほど心配もされません。

人間は生物なので、**亡くなってから数日でご遺体が腐り始めます。**

それが夏場だったりすると、何週間も経つうちに体が溶けて体液が床を汚します。

虫が湧いて、ひどい悪臭を発します。

最終的に下の階の天井に染みと臭いが出てきて、大家さんにクレームが入り、ご遺体が発見されました。

こうして、大家さんから部屋を借りるときの保証人になっていた親族に連絡が入り、その親族から私のところに「遺品整理」のご依頼がありました。

自宅での変死となると警察が来て捜査をするのでご遺体そのものを見ることはなかったのですが、体液による汚れと臭いと虫の群れは、私が訪問したときにも残っていました。

再び人に貸せるように徹底的に臭いをなくしてほしいという大家さんの希望で、遺品整理と特殊清掃を行いました。体液が下の階にも浸食していたので、下の階の人には一時的に引っ越していただきました。

床を広げると亡くなった場所から3メートルくらいの範囲まで体液が広がっており、広範囲に悪臭の元があって、すべて洗浄した後にコーティングをしていく作業を行いました。

下の階も同様に天井を一部解体して、コンクリートの隙間から垂れていた目地のコーティングなどを行い、遺品整理と特殊清掃を合わせて費用は何十万円にものぼりました。

いかがでしょうか。このように、おひとりさまの場合は、亡くなってから発見されるまでに時間がかかってしまうこともあります。**常に連絡を取り合う家族や友人がいないと、なかなか気づいてもらえない**のです。

故人が仕事をしていれば職場の人が異変を察知したりします。それもなければ近隣住人が異臭に気づいたり、あるいは郵便受けにチラシや新聞が溢れかえっているのをきっかけに、管理人に発見されたりします。

孤独死した方が発見されるまでの平均日数は、18日だそうです（一般社団法人日本少額短期保険協会孤独死対策委員会「第7回孤独死現状レポート」2022年）。

遺体は夏場なら1〜2日、冬場でも数日で腐敗が始まります。**もし自分の遺体が腐敗してしまうとしたら、いい気分はしません。**

孤独死が「死の瞬間にひとりである」こととするなら、ある程度は仕方のないことだと思います。

本当に問題となる「孤独死」は、死後に何週間も発見されず、ご遺体が腐敗してしまうなど、故人の尊厳がおかされるケースです。この場合、ご遺体のあった場所なども汚損されてしまうため、その部屋の所有者などにも迷惑がかかることになります。

そのため、賃貸住宅を提供している都市再生機構（UR）は、死後1週間以内に遺体が発見されたケースは孤独死の統計に含めないとしています。実際、「孤独死」の4割以上は、死後3日以内に発見されています。

また、厚生労働省や自治体は、本当に問題なのは自宅で看取られずに亡くなる孤独死ではなく、**社会的に孤立している単身者が自宅での死後に長期間発見されないことだとの考えから「孤独死」ではなく「孤立死」という言葉を積極的に使用しています。**

また日本少額短期保険協会の孤独死現状レポートによると「孤独死」の平均年齢は61〜62歳で、平均寿命よりも大幅に短いことも問題視されています。「孤独死」の4割は、60歳未満の現役世代なのです。

この理由として、「孤独」であることが寿命を縮めているのではないかと考えられています。

孤独死者の男女比と年齢

男女別死亡年齢の構成比 (n=6,629)年齢が不明なデータを除く。

	20~29歳	30~39歳	40~49歳	50~59歳	現役世代小計	60~69歳	70~79歳	80歳~	合計
男性(人)	243	377	562	985	2,167	1,706	1,158	491	5,522
割合	4.4%	6.8%	10.2%	17.8%	39.2%	30.9%	21.0%	8.9%	100%
女性(人)	88	99	126	167	480	221	245	161	1,107
割合	7.9%	8.9%	11.4%	15.1%	43.3%	20.0%	22.1%	14.5%	100%
合計	5.0%	7.2%	10.4%	17.4%	40.0%	29.1%	21.2%	9.7%	100%

出典:第7回孤独死現状レポート2022年11月 日本少額短期保険協会 孤独死対策委員会
https://www.shougakutanki.jp/general/info/kodokushi/news/kodokusiReport_7th.pdf

ひとりの不安やストレスから解放されよう

孤独死であっても、故人が幸福だったか不幸だったかを私が決めつけることはできません。

ただ、遺品や生活のあとを見ていると、つい悲観的な想像をしてしまうことはあります。

もし、突然自分が病に倒れたら。誰にも気づいてもらえず、そのまま死んでしまうとしたら。死後の手続きや相続で、家族や親族が揉めたりしたら。あまり望ましい未来とは思えません。

誰にとっても死は平等です。亡くなった後は満足も後悔もない無なのかもしれません。

でも、**いきいきと人生を送っているおひとりさまたちを知っているからこそ、ストレスも不安も後悔もない老後ひとり暮らしが、とても価値のあるものに感じられる**のです。

ですから私は、**死ぬことへの準備ではなく、おひとりさまのいまを充実して生きるために、「老後ひとり暮らしの壁」を越える**お手伝いをしたいと思っています。

それは身体や財産、人間関係などをどう管理していくかということであり、「**衰えのマネジメント**」だといえます。

次章からは、私がおひとりさまサポートをしてきた経験からわかった、老後ひとり暮らしのコツを紹介していきます。

実際にあったエピソードから、専門家に聞いた実用的な制度まで、知っておくだけで不安やストレスをなくすヒントになるはずです。

・いざというときに家族に頼ることができないので最低限のお金を貯えておきたい
・健康を害したときに家族に世話をしてもらうことができないのでどうするかを考えておきたい
・健康であったとしても最後は他人の介護が必要になるので、どこで看取られるかを考えたい
・ひとり暮らしが寂しくなることもあるので、他人との交流をどう作るかを考えたい
・将来のことはわからないので、もし他人と暮らすことになったとしても対応できるようにしたい
・自分が亡くなったあとに、価値のあるコレクションや財産が散逸しないように行き先を決めたい
・自分が亡くなったあとに、希望どおりの葬式や遺産分配ができるように決めておきたい

最期まで自立して生きていきたい方は、気になる部分だけでもぜひ読んでみてください。

第2章

壁を越える人と、見て見ぬ振りをする人の違い

ひとり暮らしの壁を越える人の特徴

第1章で何人かの理想的なおひとりさまを紹介しました。皆さん、ひとり暮らしの壁と向き合いながら、うまくご自身を管理していると思います。

このようにストレスや不安を減らして快適におひとりさま生活を満喫している人たちを何人も見てきてわかったのは、2つの共通点です。

①自分でできないことが増えても、自分で決めている

第1章で紹介した久住さんは、娘さんに住み替えを提案されて、老人ホームに移る

ことを決めました。娘さんが主導権を握っているように見えるかもしれませんが、決めたのは久住さんご本人です。この**「決めた」という実感がとても大事だと私は思います。**

仮に久住さんが体調を崩して、介護が必要になってそのまま施設に入ったとしたら、少し「決めた感」が薄れます。もしかしたら、「もっとこうできたかも」「ああしたらよかったかも」と考えてしまうかもしれません。他人に決められたとしたら、もちろん大きな不満が残るでしょう。

「捨てようかな」と思っていたコレクションを自分で捨てるならいいものの、他人に捨てられると腹が立つもの。運転免許の自主返納をする人も増えてきましたが、他人に「返納しろ」と言われるとちょっと嫌な気持ちになるでしょう。

たとえ同じ結果になろうとも、自由意志で決めたという体験があるかどうかで本人の満足度は大きく変わります。

こんな研究結果もあります。

2018年、神戸大学の西村和雄特命教授と同志社大学の八木匡教授が、「**自己決定**」**が幸福度に大きな影響を与える**という研究結果を発表しました。

同研究では、健康と人間関係の次に自己決定が幸福度に影響し、所得や学歴の影響を上回るとされています。

老後のひとり暮らしでは、なんでも自分でやりたいと思っていても、徐々にできることは減っていきます。誰でも同じです。それを受け入れて、早めに自分でどんどん決めていける人は、とてもスムーズにひとり暮らしの壁を越えられています。

自己決定のために必要なのは、選択肢を持つことと、タイミングを逸しないこと。

本書で紹介する知恵やコツは、まさにそのためにあります。

②孤独は適度に楽しみながら、孤立はしない

『ムーミン』シリーズに登場するスナフキンをご存知でしょうか。彼は孤独を愛しています。他人に干渉されることなく、自分の思うままに生きる。おひとりさまの達人です。

スナフキンのようなキャラクターは、他の作品でもときおり見られます。**孤独というのは人によっては価値のあるもの**で、彼らに憧れたり共感したりする人も少なくないということでしょう。

たしかに、**人間関係はときに大きなストレスの原因になります。**

本書の冒頭で紹介した、「同居より独居のほうが幸福度が高い」というアンケート調査も、それを裏付けています。また私の友人の阿久津さんも「お互いに気を遣うくらいなら」と離婚しました。

ただし、注意しなければならないことがあります。**孤独と孤立は違う**ということです。孤独は〝感覚〟であり、孤立は他者と切り離された〝状態〟です。

スナフキンは孤独が好きですが、友人であるムーミン一家との関わりは描かれています。阿久津さんもゴルフ仲間や私のような友人がたくさんいます。彼らは**ひとりの時間を大切にしながらも、決して孤立はしていない**のです。

これは、老後ひとり暮らしの壁を越える大切なポイントになります。

実は、**日本は社会的孤立に陥りやすい国です。**過去に行われた調査では、ＯＥＣＤ諸国の中で、人付き合いが滅多にないと答えた人の割合がもっとも多かったのが日本でした（「Society at a Glance」２００５年）。

日本は社会的孤立に陥りやすい国?

社会的孤立の状況（OECD諸国の比較）

友人、同僚、その他宗教・スポーツ・文化グループの人と全く、あるいはめったに付き合わないと答えた比率（%）

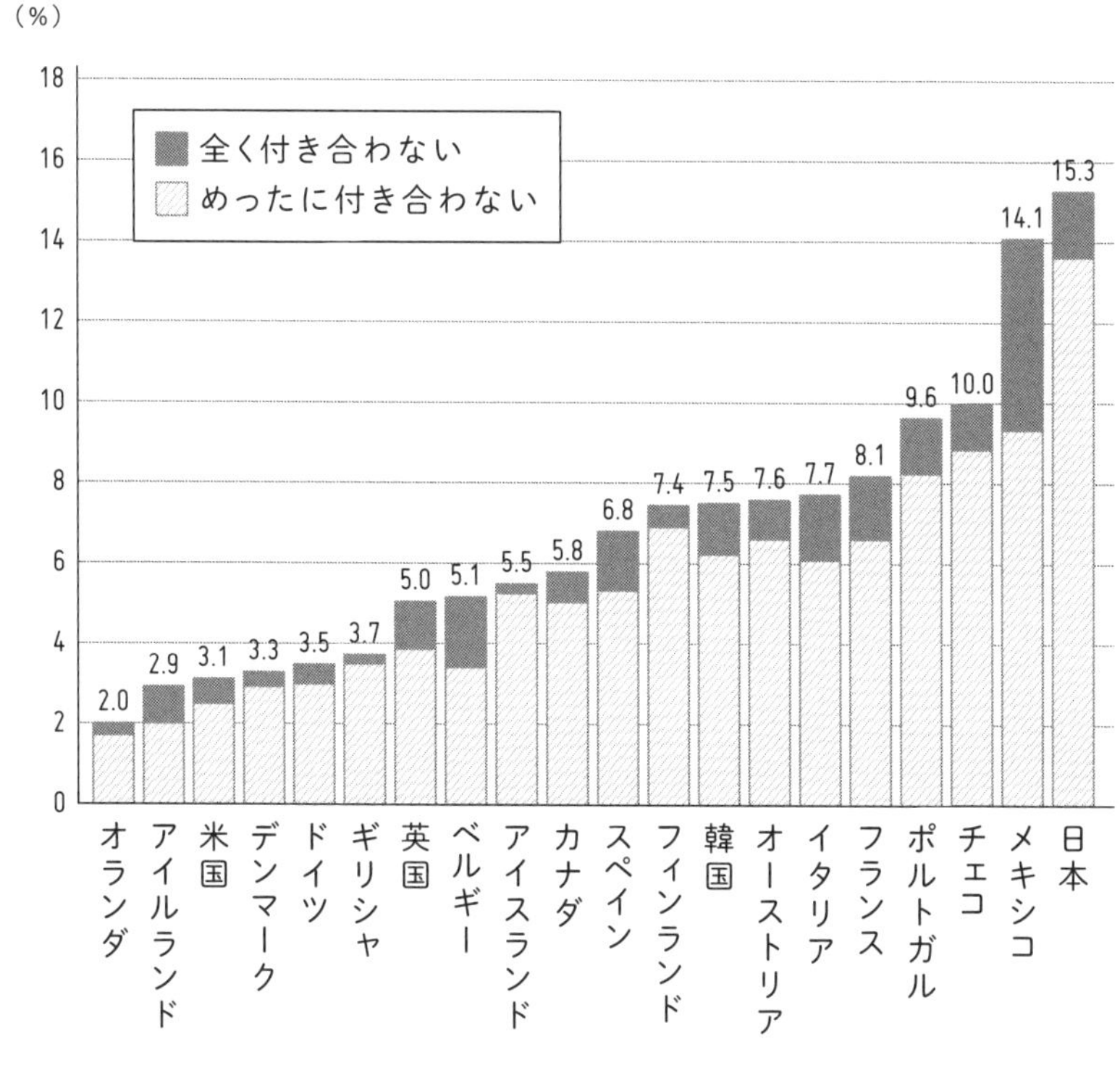

出典：「Society at a Glance」2005年
注：原資料は世界価値観調査1999-2002。英国はグレートブリテンのみ。

これは、人との関わりがなくてもある程度は生活できるという、日本社会の成熟を示しているのかもしれません。

しかし歳をとれば、話し相手や相談相手、身元を保証してくれる人、日常生活の世話や介護を頼める人、死後の手続きを頼める人など、**セーフティネットとして必要な人間関係**というのが出てきます。

内田樹氏の著書に『ひとりでは生きられないのも芸のうち』（文藝春秋）というものがあります。この本では**「この人がいないと生きていけない」と思える人が増えることが成熟**であると述べられています。

おひとりさまには「人に頼りたくない」「迷惑をかけたくない」と言う方が多いのですが、できないことは人にやってもらって当然ではないでしょうか。ただし、自分ができることは積極的に人に提供する。それが共同体を支える相互扶助だと理解できます。

自立することは孤立することではありません。壁をうまく越える人は、ストレスにならない適度な人間関係を上手に築いています。

壁を越えられない人は部屋を見ればわかる

老後ひとり暮らしの壁を越える2つのコツは、「自己決定すること」と「孤立しないこと」です。これらを自然にできる人と苦手な人がいますが、両者の違いは実は部屋の様子からわかることがあります。

私は仕事がら、とにかく他人様の家や部屋を見る機会が多くあります。これまで見たお住まいは数千件にのぼるでしょうか。

これだけ家を見ていると、つい目がいってしまうチェックポイントがあります。あくまでも私が思うチェックポイントですが、あなたやご家族、ご友人にひとり暮らしの方がいたら、当てはまるかどうか参考にしてみてください。

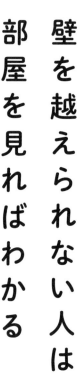

玄関や靴が整理されていない

まず目に入るのは玄関です。特に靴、履物の状態は、つい気になってしまいます。**ボロボロでかかとが潰れたスニーカーが無造作に玄関に転がっていると、あまり積極的に外出したり、人と会ったりすることがない人**なのかなと思います。

たくさん履いて外に出ているからボロボロなのではないか？　と思うかもしれません。でも私が見てきた人たちは、サンダルのようにつっかけて近くのコンビニやスーパーに行く程度のケースがほとんど。**あまり出歩かないからこそ、同じ靴を履き続けて、履き心地なども気にならない**のだと思います。あらためて人と会う機会も少ないので、見た目も気にしていないのかもしれません。

オシャレは足元から、などといいますが、靴がボロボロでも洋服はそれなりに洗濯されていたりしますから、たしかに足元にこそ、その人の性格やこだわりが出やすい気がします。

また、**靴がこのような状態の人は、たいてい部屋も散らかっています。**単にだらしないだけじゃないかといわれたらそうかもしれませんが、意外と玄関や靴にはその人の生活感がにじみ出るのです。

貴重品があちこちに散らかっている

私たちのような業者が遺品整理に行ったとき、早めに確認しておくことがあります。なんだと思いますか？

それは、**お金や通帳や印鑑など、貴重品のありか**です。

衣装箪笥のいちばん上の引き出しだったり、女性だったら化粧台の引き出しだったりと、ある程度は傾向があるのですが、当然人によってバラバラですから、家のあちこちに無造作にしまわれていることも、多々あります。

なぜ早めに確認したいかというと、もちろん死後の手続きに必要なものだからです。万が一、後で「見つからない」と騒ぎになったり、うっかり処分してしまったりしたら、とんでもないことになります。

余談ですが、**あるお宅でお菓子の箱を開けたら、数百万はあろうかという札束がぎっしり入っていた**ことがあります。私たちは逐一中身をチェックするので発見できますが、ご家族の方などが見たままのゴミだと思って捨ててしまう危険性もゼロではありません。

ちなみに遺品整理の現場では、室内の分別作業に参加する従業員は長年の経験のある信用ある自社スタッフに限定します。というのも、**この業界でいちばん怖いことですが、こっそりネコババする人間が紛れ込むのを防ぐためです。**残念ながら身内の方が窃盗を働くケースもあるようですが、外部の業者に依頼する場合は、派遣スタッフが入っていないかや、その会社の社歴を調べるなど、より慎重になったほうがよいでしょう。

さて、**こうした貴重品の類がなかなか見つからなかったり、あちこちに点在したりしている人は、やはり総じて整理整頓がなされていません。**自己管理が苦手で、相続でも「え？　そんな資産があんなところにあったの？」などとトラブルを招きがちです。

決して誤解してほしくないのですが、貴重品をわかりやすいところにまとめておきましょう、と言いたいわけではありません。**防犯の意味では、見つかりにくいことはむしろメリットでもあります。**

ここで言いたいのは過去にあった傾向と、そこから意図して管理されていたかどうかがわかる、という点にすぎません。

生活スタイルが現れる2つのポイント

ゴミ屋敷のような部屋を片付けにいくと、その散らかり具合も多種多様なのですが、ある2つの点は不思議と共通しています。

ひとつは、テレビの周りです。

ゴミ屋敷にはあらゆるゴミが散乱しているのですが、**お酒の空き缶がテレビ台や、もしくはテレビ近くのテーブルに集中して置かれている**のをよく見ます。

考えてみれば当たり前のことで、生活の中心がテレビになっているので、自然と空き缶が溜まるわけですね。このようなケースの人は、**テレビや、テレビの前に置いたテーブルの周辺で1日の大半が完結しています。**すぐ手が届くところにいろいろなものが配置されているのです。さながらその人の基地あるいはコクピットといった様相です。

非常に省エネで面倒くさがり、消極的な生活スタイルが透けて見えます。なにしろ空き缶をゴミ袋にまとめることすら、しないのです。テレビは受動的なメディアです。なんとなくテレビをつけて、なんとなく眺めて、平穏に1日が終わる。これは決して悪いわけではありません。ただ、**積極的に自己決定する経験は非常に限られているのではないか**と想像します。

孤独死された方の遺品整理のときにこのような部屋に出くわすと、「お酒で寂しさを紛らわせていたのかな」などと感じさせられて、切ない気持ちにもなります。

もうひとつは、寝床です。

布団のシーツや枕カバーは、とにかく洗ったり取り替えたりするのが面倒で、ひとり暮らしの人では長く使いっぱなしの「万年床」になりがちです。

生活情報サイトなどを見ると、**寝具はだいたい週に1回は洗濯する人が多い**ようです（参考：「ESSE online」https://esse-online.jp/articles/-/5484）。ひとり暮らしの場合、自分しか使わないし、寝られれば構わないとつい放置してしまうのは無理もないかもしれません。ただ、先ほど紹介したような、**先々のことを自分で決定していたり、適度な人付き合いを保っているおひとりさまは、こういった面倒なこともしっかりとこなしている**印象があります。

自己管理できる人ほどモノが減っていく

モノに囲まれた部屋と、モノが少なくスッキリした簡素な部屋。あなたなら、どちらに住みたいですか？

これは完全に好みの問題ですよね。

モノが少なくて見た目がきれいな生活をしたい人は、それができていれば幸せです。

一方で、趣味が多くて、常に多くのモノに囲まれていたくて、それを実際に所有しているることに満足を感じる人もいます。

他人からすると散らかり放題に見えても、自分の中では何がどこにあるかがだいたい把握できている、といった経験があなたにもありませんか？　要するに自分の生活を自分で管理できているから幸せといえるのです。

「ゴミ屋敷」と「モノ屋敷」は違います。

「ゴミ屋敷」というのは、食事の食べ残しや空き缶、ペットボトル、タバコの吸い殻やペットの糞尿などがあふれていて、臭いもきつく、文字どおりゴミで部屋が埋め尽くされている家のことです。

一方「モノ屋敷」というのは、フィギュアやプラモデル、ゲームやCDやレコード、本や雑誌、あるいはブランド品など、趣味性の高いものが大量に収集されている家のことです。**興味のない人にはゴミと変わらないものを集めていたとしても、周囲に迷惑をかけていない限り非難される筋合いはありません。**

とはいえ、自己管理ができている人ほど、徐々にモノを減らしていく傾向があります。食器や着物のコレクションをどんどん処分していた林さんの例を思い出してみてください。**自分で自分の生活を管理することも歳をとるにつれて徐々に難しくなっていく**ので、死後のことも見据えて、趣味のコレクションなどもだんだん処分していくと、生活のストレスが減っていきます。

もちろん、死ぬまで好きなものにめいっぱい囲まれているのが幸せだ、という人もいます。そうであっても、自己管理ができている人は「自分がいなくなったらこうしてくれ」と段取りをつけています。

老いは誰にでもやってくるものです。判断力も記憶力も衰えていきます。**自分の管理能力の衰えに備えて、決められるうちに決めておける人の部屋は、比較的モノが少なくシンプルな傾向にある**と思います。

老後ひとり暮らしの5つの壁

「おひとりさま」は気楽で自由です。だからこそ本人の性格や生活スタイルが如実に現れます。そしてそれは、老後ひとり暮らしの壁を越えられる人と、見て見ぬ振りをする人との違いにも通じていると思います。

ここまでを読んで、**「そういえば自分は何も準備していない」「気にはなっていたけど何もしていない」**と、あらためて感じた人もいるでしょう。

一方で、自己管理や人付き合いが苦手なタイプの人は、**「面倒だ」とか「いまから自分を変えるなんて無理だ」と感じたかもしれません。**

でも、こう考えてみてはどうでしょうか？

「おひとりさま」だからこそ、リスクははっきりしていますし、的は絞れています。

他人にアレコレ言われないからこそ、自分が必要だと思うことだけやっておけばよいのです。

本書では次章以降、次の5つの壁について、不安の原因とかんたんな対策を述べていきます。

①お金の壁

歳をとると判断能力が衰え、お金の管理が困難になっていきます。認知症になってしまうと、自由に預貯金をおろすことすらできません。

また、収入がひとり分であることから、老後資金などを十分に準備することが困難となり、経済的なリスクが生じる危険性があります。

よく、ひとりだからお金がかからないといいますが、家賃にしても光熱費にしても食費にしても、夫婦2人で稼いで支出をシェアしたほうがはるかに効率的です。子どもがいるとまた話は別になるのですが、**ひとりの気楽さから支出が増えてしまって、意外と貯金が少ない「おひとりさま」も多い**のです。

金融広報中央委員会の「家計の金融行動に関する世論調査（令和4年）」によれば、60歳代のおひとりさま世帯の貯蓄額の中央値は300万円でした。「老後2000万円問題」のときと同じ計算をすると、2022年の試算では老後800万円が必要ですから、まったく足りません。もっとも3000万円以上の世帯も16・9％、金融資産保有なしの世帯も28・5％あって、平均値だと1388万円になります。

②健康の壁

体調を崩した際のセルフケアが難しく、健康を害するリスクがあります。高齢者の場合、体調不良時に適切な治療を受けることができず、重大な病状に陥る可能性があります。

特に問題となるのが、大きな病気や怪我で入院するときです。通常、病院に入院するときには、支払いの連帯保証人、万が一の事態に備えての身元保証人、そして自分が意識不明になったときに職場や大家さんなどへの連絡や着替えの洗濯などちょっとした用事を代行してくれる世話人が必要になります。同居人のいない「おひとりさま」の場合、これらを誰に頼むかが難問となります。

③心の壁

孤独感と社会的孤立のリスクが挙げられます。家族やパートナー不在の生活では、人との交流が日常的に不足しがちです。その結果、**強い孤独感に苛まれたり孤立に陥ったりする**ことがあります。また、生活の悩みやストレスをひとりで抱え込むことで、精神的負担が蓄積していくと、うつ病などを発症する危険性が高まります。

④介護の壁

老後に徐々に身体や精神が弱ってきたときに、誰に面倒を見てもらうかも難問です。回答としては、老人ホームなどの高齢者施設に入居する、になりますが、入居に当たってはまとまった金額が必要になるのであらかじめ用意しておく必要があります。

また、生命保険文化センターが行った調査では、介護に要した費用（公的介護保険サービスの自己負担費用を含む）は、住宅改造や介護用ベッドの購入費など一時的な費用の合計は平均74万円、月々の費用が平均8・3万円となっています。

介護を行った場所別に月々の介護費用を見ると、在宅では平均4・8万円、施設では平均12・2万円です。介護期間は平均61・1か月ですから、相当の費用がかかるとわかります。

⑤死後の壁

老後に自分の世話をしてくれる人や、自らの財産を相続させたい相手がいないとなると、孤独死のリスクが予想されます。

人間はどこでどのように死を迎えるかわかりません。**自分が亡くなったときの遺品、財産が誰の手に渡ってどのように処分されるのかも、まったくわからなくなります。**

死後の世界があるわけではないし、自分が死んだ後のことなんて知ったことではないという考えの人もいるかもしれませんが、そういう人であっても、自分の遺体が誰にも見つけられずに腐っていくと考えると、あまりいい気分にはなれません。

人間は誰でもいつか死ぬのですし、死んだ後には遺体と遺品が残るものですから、あらかじめ死後の後始末の算段をつけておいて、いつ死んでもいいように準備をしておくのが「おひとりさま」としての社会に対する礼儀ではないでしょうか。

お金と健康は、自由であることの第一条件です。**自由である、ということは選択肢が多いことでもあり、すなわち「自己決定」の機会が多いことになります。**

そして心の問題、介護、死後の準備は、社会的孤立と深く関係しています。**無理に**

人付き合いをする必要はありませんが、重要なポイントだけでも人に頼ったり、国や自治体の制度を利用することで孤立を免れることができます。

このように、おひとりさまの生活には、心と体の両面でリスクがあることを認識し、対策を立てることが大切です。

第3章

お金の壁

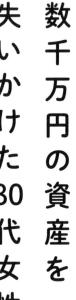

数千万円の資産を失いかけた80代女性

私が仕事で出会った「おひとりさま」の話をしましょう。

彼女は80代女性で、生涯独身。定年までずっと働いてきて、結構な資産を形成していました。持ち家もあって、預貯金もかなりの額になっていました。

しかし、80代ともなると身体も衰えてきますし、頭のほうも以前ほどには働かなくなってきます。そのため、ひとり暮らしの高齢者を定期的に見回りしている民生委員さんは「そろそろ施設で暮らすことを考えてみませんか？」などと声かけをするのです。

彼女もまた民生委員さんに言われて、高齢者施設への入居を考えました。そこで、高齢者施設の紹介も行っている私たちが呼ばれたのです。

施設に入るためにはまとまった金額が必要なのですが、彼女の場合はその点は問題になりません。問題になったのは、保証人です。施設に入居するときには、何かあったときの連絡先や保険として身元保証人が必要になります。しかし家族のいない彼女にはそれを頼めるような親しい相手がいませんでした。

そこで私たちを通じて弁護士を頼んだのですが、話を聞くうちにとんでもないことがわかってきました。

なんでも「はい、はい」と聞いてしまう

前述のように彼女はかなりの資産を持っていたのですが、施設に入るにあたっては、**持ち家などの資産を売却して、何千万円もの現金を、信仰している宗教団体にほぼす**

べて寄付する話になっていたのです。

それればかりではありません。**遠縁の親戚も急にしゃしゃり出てきて、持ち家の売却益などの財産の分け前に預かろうとしていました。**

彼女は人がいいので、頼まれればほとんどうなずいてしまいます。第三者である私から見ると、**年齢のせいで少し判断能力も低下しているように感じられました。**

そのため私は彼女を交えて弁護士と相談して、**任意後見契約と財産管理契約を使うことにしました。**

詳しくは後述しますが、任意後見契約とは、障害や加齢などによって自分ひとりで物事を決めることが心配になった人に対して、後見人と呼ばれる人が代わりに契約などを行えるようにするものです。もちろん後見人は本人の利益になることしかできませんし、後見人がおかしなことをしないか監督する「後見監督人」と呼ばれる存在がつくこともあります。

彼女には弁護士が後見人として付いたことで、施設への入居にあたっての身元保証人の問題もクリアできました。また宗教団体への過大な寄付も阻止することができ、無事、ご本人の財産を守ることができました。

生活資金が奪われるリスク

もし、宗教団体や遠縁の親戚に言われるがままに財産を分与していたら、**施設への入居も、入居してから亡くなるまでの生活の保証も危うくなっていたかもしれません。**

人間はいつか必ず亡くなるのですが、そのときに財産が残っていると、分け前に預かろうと有象無象のやからが湧いて出てくることがあります。ご本人は嫌がっていなかったので、それはそれでいいのかもしれませんが、いつ亡くなると決まっているわけでもないので、手元不如意になるほどに財産が減らされてしまっては困ります。

特に、このケースのように認知症の診断を受けているわけでもなく、お身体にも問題がなくて要介護になっていないケースでは、**信頼して相談できる人が身近にいないままに、騙されてお金をむしられることがよくあります。**

せっかく老後の生活資金を貯めていても、それを奪われてしまっては何にもなりません。自分は大丈夫と思っていても、80代・90代ともなると認知能力、判断能力、意思決定力などは徐々に衰えてくるもの。そのときに頼れる相手もいないままでいると、思わぬトラブルに巻き込まれてしまうのです。

お金の管理を誰に託すのか

認知症とお金の壁は切っても切れない

自分が認知症になったら……なんて、あまり考えたくありませんよね。とはいえ、**判断力が衰えたときに他人に好き放題にされるのも、それはそれで許容しがたいものがあります。**

歳をとれば誰にでも認知症になるリスクはあります。しかも、いつ発症するかはわかりません。さらに怖いのは、認知症と診断される前の段階でも、認知機能や判断力、

誰にでも認知症のリスクはある
（一万人コホート年齢階級別の認知症有病率）

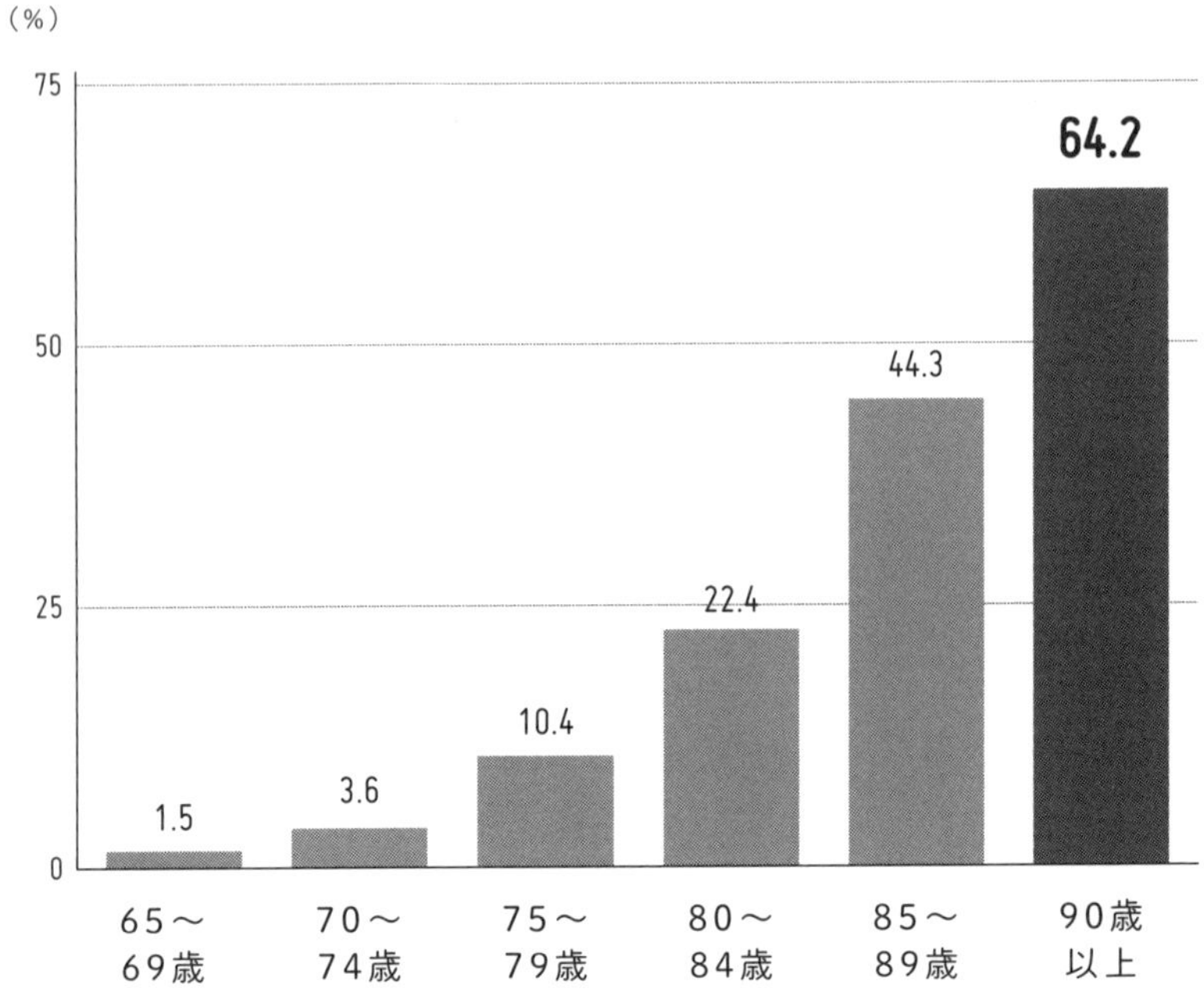

出典：「認知症施策の総合的な推進について」厚生労働省をもとに作成

「平成29年度高齢者白書」によると、2012年は認知症患者数が約460万人、高齢者人口の15%という割合だったものが2025年には20%、つまり5人に1人が認知症になると推計されています。

超高齢社会で暮らす私たちにとって、認知症は他人ごとではありません。

記憶力が低下していることがあることです。**人の名前が出てこないとか、同じものを何度も買ってしまうようなことは、意外とあります。**そうなってくると、お金の管理を正しくできているのか、自信が揺らいでしまうのではないでしょうか。

認知症が進むと、**銀行口座の暗証番号を忘れてお金が引き出せなくなることもありますし、振り込め詐欺などの標的になり、せっかく貯めた財産を失って生活に困ることもある**のです。

そうなる前に、施設に入居するなど、あなたをしっかりと守ってくれる誰かに助けてもらうことを考えましょう。

認知症の程度にもよりますが、まっさきに考えなければならないのは財産の保全です。

認知症が進んで**「判断能力」がなくなったと見なされると、そもそも売買契約を結ぶことができず、契約は法的に無効になる**のですが、契約を結んだときに「判断能力」があったかなかったかを証明することは困難です。そうなる前に、信頼できる誰かに財産を預けるほうが無難です。

というわけで、2000年に作られたのが「成年後見制度」です。従来は「禁治産制度」がその役目を果たしていたのですが、差別的であるとの批判があり、新たに「成年後見制度」が設けられました。

知っておいて損はない成年後見制度

「成年後見制度」は、「判断能力」を失った成年に対して、本人に代わって法的行為を行う「後見人」と呼ばれるサポート役をつける制度です。能などで役者の着替えなどをサポートする黒子を「後見人」と呼ぶことから来ている名称です。

「成年後見制度」には、大きく分けて「任意後見制度」と「法定後見制度」の2つがあります。

・任意後見制度

まだ判断能力があるうちに、自分で自由に後見人を選んで契約ができる制度です。後見人に依頼したいことも自由に決められるので、たとえば後見人は不動産の売買はできないようにしておくとか、預貯金の管理はAさん、介護保険などの申請はBさんと複数の後見人を選ぶこともできます。

・法定後見制度

後見人を選ばないままに判断能力を喪失してしまったときに、家庭裁判所への申し立てによって、公平な後見人が選ばれる制度です。申し立てをするのは家族が多いですが、後見人には弁護士や司法書士など法律の専門家が選ばれることが多くなります。

認知症になる前にあらかじめ自分で選んで契約しておくのが「任意後見人」、認知

症になった後に家庭裁判所が選ぶのが「法定後見人」と覚えておけばよいでしょう。

どちらの場合も、後見人が本人の代わりに動くためには、本人が認知症になって判断能力が衰えたと家庭裁判所に申し立てて許可を得る必要があります。後見人が勝手に何かをしてしまわないように家庭裁判所が監督する制度になっているのです。

ただ、**成年後見制度の利用にはお金がかかることは忘れてはいけません。**管理する財産の金額にもよりますが、法律の専門家などに依頼すると、後見人の報酬が月額3万〜5万円程度、監督人の報酬が月額1万〜3万円程度と、それなりの金額になります。

また、**一度選任すると、明らかな不正などを家庭裁判所が認めない限り、勝手に解任することはできません。**

お金の管理と生活の管理を依頼できる

後見人の役割は大きく分けると2つあります。**「財産管理」と「身上監護」**です。

・財産管理
お金の管理をすることです。預貯金や有価証券の管理のほか、家賃や公共料金などの支払い、税金の納税と申告、年金の申請や受け取り、遺産分割、不動産や車などの資産の管理、不動産権利証や通帳や実印の保管などを行います。

・身上監護
生活を管理することです。病院での手続きや支払い、医療や福祉や介護サービスの手続き、住居の手続きや契約や支払い、生活状況の定期的な確認などを行います。

具体的にいうと、認知症になっても美味しいものを食べておしゃれを楽しみ健康な生活を維持したいものですが、ひとりではそれが難しくなることもあります。

そこで、**任意後見契約では、日常の生活をどのように送りたいかをヒアリングして、ライフプランを立てることができます。**たとえば「最期まで自宅で過ごしたい」とか「入居する施設はここがいい」とか「自分が亡くなったらペットはこうしてほしい」とか、**認知症になってもQOL（クオリティ・オブ・ライフ＝生活の質）を保てるようにあらかじめお願いしておくことができます。**

ただし、後見人の仕事には直接の介助などは含まれていません。たとえば、認知症になっても2日に1度は入浴したいと希望しておけば、実際にそのステージになったときに後見人は2日に1度の訪問入浴サービスを手配するだけで、入浴介助や買い物代行や部屋の掃除などを行うものではありません。

法定後見の3つの段階

任意後見の場合は、後見人が何をどこまでできるのかをあらかじめ契約によって決めておくことができますが、**法定後見の場合は、認知症の程度によって「補助」「保佐」「後見」の3段階が決められています。**

・補助

軽い認知症の人が借金をしたり、借金の保証人になったりする場合に、後見人（補助人）の同意が必要になります。後見人の同意がなく結ばれた借金の契約は、後見人の申し立てで取り消すことができます。これはローンも同様です。

・保佐

中程度の認知症の場合は、後見人（保佐人）は本人と家庭裁判所の許可のもと、不動産の売買や相続の承認や借金などの契約を代理で行うことができるようになります。

・後見

重度の認知症の場合は、後見人は原則としてすべての法律行為を代理で行うことができるようになります。そのため、後見人を監督する第三者機関の後見監督人が選ばれることもあります。監督人は、本人の不利益になることがないよう後見人の行為をチェックします。

後見人が何らかの事務手続きを行った場合は、すべて家庭裁判所または後見監督人に報告する義務があります。

任意後見と法定後見は一見同じようなものに見えますが、本人の意志で選ばれた任意後見人と、第三者が選んだ法定後見人の場合、その性格が異なります。

法定後見人は、本人の財産を守ることを第一に考えるので、できるだけ出費を減らすことを考えます。

一方、**任意後見人の場合は、本人の意志に基づく契約に沿って行動するので、契約の中に「甥や姪にお年玉をあげる」とか「お祝い金をあげる」などが含まれていれば、認知症になった後でもそのような出費が可能**になります。

任意後見人は誰にお願いしてもいい

任意後見では誰でも後見人に選ぶことができます。親族を後見人に選んだ場合は、相手の人となりを知っているので信頼ができるでしょう。**弁護士などの専門家を後見人に選んだ場合は、お金の管理や契約の遂行などの面で安心できます。**また、おひとりさまの場合は、見守りサービスを行っているNPOなどを後見人に選ぶこともできます。**場合によっては「財産管理」は専門家に、「身上監護」はNPOにと役割を分**

担して、お互いによく相談して決めるようにといった契約もできます。

任意後見の開始を家庭裁判所に申し立てると、必ず監督人が選任されます。**監督人は後見人の事務を監督し、行ったことをすべて定期的に家庭裁判所に報告する義務を負います。**監督人は、本人と後見人の間で利益相反があった場合に、本人の利益を守るために代理行為を行うことができます。監督人がいないと任意後見は無効になるので安心してください。

任意後見契約を結んだ場合、いつどのように後見が始まるかが気になるところです。制度としての任意後見契約を実際に結ぶときには、その契約を第三者にも明確にしておくため、公証役場で公正証書を作成します。その後、**後見が始まると、後見人に対して月額で報酬を支払う契約になります。**

後見サービスを提供している専門家の場合は、後見が始まるまでの間に、電話や訪問などで状態をチェックする見守りサービスを提供しているところもあります。

最終的に認知症が進んでひとりでの日常生活に自信がなくなってきたら、本人もし

法定後見と任意後見の違い

	法定後見	任意後見
開始時期	周囲の人が家庭裁判所に申し立てて、審判を経て開始する。判断能力の程度により、後見、保佐、補助に分かれる	本人が元気なうちに契約。判断能力が衰えたら、本人もしくは周囲の人が家庭裁判所に申し立てて、審判を経て開始する
後見人	家庭裁判所が選任	本人が元気なうちに選任
後見人ができること	預貯金の引出し、遺産分割手続き、介護保険サービスの契約、病院や介護施設への入院や入居の手続き等	財産管理と身上監護の範囲内で、契約で定めた内容のみ
報酬	家庭裁判所が決める	契約で決める
監督人	選任されないことが多い	家庭裁判所が選任

くは周囲の人が「後見」を始めてほしいと家庭裁判所に申し立てをすることができます。

その際に必要なのが、成年後見人の必要性を認める医師の診断書になります。家庭裁判所がこれを認めると、「後見」が始まります。

後見人より手軽に使える財産管理委任契約

後見人までは大げさだけど、お金の管理はちょっと心配。

認知症ではないけれど、入院したりして外出できないときなどに、お金周りのことが不安。

そのような場合は、「財産管理委任契約」を結ぶこともできます。**財産管理委任契約を結ぶと、認知症として認められなくても、たとえば通帳と実印を預かってもらったり、毎月一定の生活費だけを使えるようにしてもらったりなど、財産管理をサポー**

トしてもらうことができます。

判断能力の喪失と家庭裁判所への届け出が必要な後見人制度に比べて、契約さえすれば使える財産管理委任契約は手軽です。

たとえば、おひとりさまの高齢者が施設に入居するときなどに、よく使われます。施設入居の際の緊急連絡先も頼むことができて、施設への入居費の支払いなども含めて、面倒なことをまとめて委任できるからです。それに老人ホームではお金の管理は一切してくれません。

自分の財産管理について相談できる「お金の見守り役」と考えれば、身近に頼る人がいないおひとりさまにとっては、とても心強いのではないでしょうか。費用も専門家に委任して月額1～5万円と、幅はあるものの後見人制度に比べれば安価です。

いきなり後見人を頼むのが不安な人は、まず財産管理委任契約を結んで、それを続けながら相手の人柄などを判断して、大丈夫そうなら任意後見契約を結んで、認知症が始まったら切り替えるセット契約にするとよいでしょう。

財産管理委任契約と成年後見制度の違い

	任意後見契約	財産管理委任契約
利用できる人	判断能力が不十分と認められた人	誰でもOK
代理人	原則、誰でもOK（例外あり）	原則、誰でもOK（未成年は不可）
代理人ができること	財産管理と身上監護	財産管理
開始時期	家庭裁判所に申し立てて認可後	いつでもOK
監督人	家庭裁判所が選任	選ぶこともできる
契約の登記	必要	不要
取消権	あり	なし

悪徳業者に気をつけて

本章の冒頭にて紹介した、宗教団体に何千万円もの寄付を約束させられていた高齢女性の話を思い出してください。

彼女が任意後見契約をあらかじめ結んでいれば、家庭裁判所に申し立てて、後見契約を発動させて止めることもできるのですが、もちろんそんな契約はどこにもありませんでした。

困った私が、どうにかなりませんかと弁護士に相談したところ、先に財産管理委任契約を結べば防波堤になるとアドバイスをいただけました。そこで、弁護士を彼女の財産管理者とすることで、ようやく資産の流出を防ぐことができたのです。

この件も含めて私がよくお世話になっている弁護士法人・森戸法律事務所の森戸尉之弁護士に、任意後見契約や財産管理委任契約の注意点について聞いてみました。

恐ろしいのは、財産管理委任契約も任意後見契約も、やりようによっては契約した相手の財産を勝手に使えてしまうこと。信頼できない相手と契約してしまうとたいへんなことになります。

風呂に入れずおむつも替えてもらえない

森戸弁護士が経験したケースを紹介しましょう（守秘義務があるので事実関係を多少変更して記載します）。

その男性は、とある身元保証会社と財産管理契約していて、その会社の紹介で施設に入居しているおひとりさまでした。60代後半で、両親はすでに亡くなっており、親しくしている親族もいません。両親が存命中に親しく付き合っていたという近所のおばさんがときどき面倒を見ていたようです。

森戸法律事務所に相談に来たのも、その近所のおばさんでした。

「この前、施設にお見舞いに行ったんです。そうしたら、**とても不衛生な汚い部屋に寝かせられていて、おむつも替えてもらっていないような状態**でした。お金を払って施設に入居しているんですよ？　それなのに、**ほとんど世話もされず、あれではネグレクト（放置）じゃないですか。**あんまりです。なんとかしてもらえないでしょうか」

森戸弁護士は実際に本人とも会って話を聞いたのですが、たしかにひどい状態でした。なにしろ、**ろくに入浴もさせてもらっていないので、会うだけで体臭がにおってくるのです。**

そこで本人の了解のもと、その会社との財産管理契約を解除して、新たに森戸法律事務所に財産管理を任せることにしてもらいました。

とはいえ、そんな会社がすんなりと契約解除に応じるでしょうか。

森戸弁護士が本人の代理として契約解除の連絡をしたところ、案に相違して、向こうも代理の弁護士名ですぐに残金を返金するとの連絡が来ました。

グレーな業者をそのまま野放しにしていいのかという気持ちもありましたが、とりあえず相談者を救うのが先決なので、そのまま受け入れて、施設も変更する手続きを取りました。

その高齢者施設自体は、一応なんらかの認可を受けているところのようですが、**清掃がオプションになっていて、基本料金だけだとほぼ放置状態になってしまう**のです。

どちらかといえば、ひとりで生活できる人が住む、サービス付き高齢者向け住宅みたいなところだったようです。

老後ひとり暮らしを狙う悪徳業者は増えていく

高齢のおひとりさまを狙った悪徳ビジネスは今後もどんどん増えていくでしょう。

いま、よく聞くのは、**病院への入院時や施設への入居時などに必要な、身元引受人や保証人を代行する業者**です。いわゆる保証会社と呼ばれるもので、NPO法人が多いのですが、中には、**ほとんど何もしないまま毎月の報酬だけを受け取って、死んだら遺体を引き取って最低限の処理をするだけのところもある**と聞きます。

高齢のおひとりさまは、営業の口車にのってなんらかの会社と契約をしてしまう前に、地域包括支援センターや自治会の民生委員、あるいは役所の相談窓口など、営利ビジネスと無縁である公的機関に相談するようにしてください。

老後2000万円問題なんて意味がない

ここまでは老後のお金の管理について見てきましたが、そもそも老後の生活資金が心配だという人も少なくありません。

つい「老後はいくら蓄えがあれば安心なのか」を知りたくなってしまいますが、万人にとっての正解などないのが実際のところでしょう。

以前「老後2000万円問題」が話題になりました。しかしこの数字にはなんら意味がないと私は思います。

これは2017年の総務省の家計調査をもとに計算されたものです。65歳以上の無職・夫婦世帯の家計の収支を参照して、30年間の不足額を算出したわけですが、

2018年以降も同じように計算したらどうなるかご存知でしょうか。ここでは詳しい計算は割愛します。結果だけ見てください。

2018年＝老後1500万円問題
2019年＝老後1200万円問題
2020年＝問題なし、むしろ40万円プラス収支
2021年＝老後700万円問題
2022年＝老後800万円問題

バラバラですね。年によって生活者の収入額も支出額も変わるのですから、当然です。

加えて、収入も、お金の使い方も、ライフスタイルも人によってまったく違うわけです。**「いくらあればよい」というのを一概に言い切ることは不可能でしょう。**

私が遺品整理をしてきた中には、何百万円もの現金が無造作に置かれていた部屋もありましたが、遺品は意外と質素なものでした。お金があってもそれを使わないままに亡くなる人も多くいます。未開封のブランド品や家電製品が大量に残されていた部屋もありました。

身もふたもないことをいえば、お金が多くあればあるほど不便はないに決まっています。だからといって**「1億円あれば絶対に安心だよね」と言われても、ふざけるなと怒る人が大半でしょう。**

一方で、生活保護を受けながら、あっけらかんと暮らしている人もいるわけです。

老後2000万円問題は、老後の生活資金に意識を向けるきっかけにはなりましたが、話題になりやすいニューストピックのひとつにすぎないといえます。

お金の見える化をしよう

では、実際に生活資金に不安があるという老後ひとり暮らしの人は、どうすればいいのでしょうか。

2020年の日本弁護士連合会の調査によると、**破産債務者を世代別に分けると、破産する人の4人に1人が60歳以上の高齢者だった**そうです。原因は様々でしょうが、収入と支出がアンバランスであることは大きなリスクのひとつです。

不安の解消という意味では、お金の「見える化」は必須です。

先ほど平均や机上の計算には意味がないと述べたばかりですが、見える化の目安にはなるので、2022年の数字を出してみます。

受給できる年金額（令和4年度「厚生年金保険・国民年金事業の概況」厚労省）は、**男性会社**

員の平均が約16万7000円、女性会社員の平均が約10万9000円。男女別に分けなかった場合の平均は約14万4000円です。

では年金世帯の平均支出額はどのようなものでしょうか。

総務省「家計調査年報（2022年）」によると、**65歳以上の無職単身世帯の場合、1か月の支出額は15万5495円（うち消費支出は14万3139円）**となっています。

支出用途はそれぞれで異なると思いますが、大きいところは以下のようなものです。

・家賃（マンション管理費・自治会費）
・水道光熱費（電気、ガス、水道）
・通信費（固定電話、携帯電話、インターネット、サブスク）
・食費（自炊や外食などひとり飯の場合）
・交際費（飲み会など多人数の場合）
・交通費（帰省など定期的にかかるもの）
・習い事や趣味

・医療費
そのほかに、冠婚葬祭などの臨時の出費があります。

さて、あなたの収入と支出はいくらでしょうか？　ぜひ見える化してみてください。

家計簿をつけたことのない人は、1か月分だけでも挑戦してみてはどうでしょうか。

意外なところに多額のお金を使っていることがわかって面白いと思います。

支出を減らすか、収入を増やすか

お金の見える化をした結果、どうも足りないとか、もう少し余裕が欲しいと思ったら、対策が必要です。

恐ろしいのは、大病を患ったり、要介護になったりしたときの突発的な大出費です。

それを考えると、日々の生活費で蓄えをどんどん取り崩していくのはちょっと不安になります。

収支を安定させるためにできることは、単純に支出を減らすか、収入を増やすしかありません。

見える化したお金の中に無駄な支出があるなら、まずはそこから手をつけるべきでしょう。特に固定費を減らすことができると、収支改善の効果は大です。

収入を増やすには、まだ身体が元気なら働く選択肢があります。定年を迎えた人は「もう働きたくない」「悠々自適に趣味に生きたい」という人もいるかもしれませんが、フルタイムで働く必要はありません。**週に2日程度、月に数万円の収入があるだけで、生活には結構余裕が出るものです。**

最近は65歳を過ぎてもバリバリ働いている方が増えていますが、しっかり給与を得ながら年金の支給も受ける場合は、**老齢厚生年金の支給停止額**をチェックしておきましょう。

老齢厚生年金と給与（賞与含む）の合計月額が48万円を超える場合、超えた分の2分の1にあたる金額が、老齢厚生年金からカットされます。該当する人は多くないかもしれませんし、それだけ収入があればそもそも経済的な不安はないと思いますが、こういった制度を知っておくのも選択肢を増やすことにつながります。

また、**公的年金は、受給開始年齢を遅らせることで金額を増やすことができる「繰下げ受給の制度」があります。**たとえば3年間繰下げ受給をすることで、約25％も金額を増やすことができます。79歳以上まで生存する場合は、3年間繰下げ受給をしたほうが、しなかった場合よりも年金の総受取額が多くなります。

たとえば**70歳までは働いて生活費を稼ぐということであれば、受給開始をそれ以降に繰下げて、リタイア後の収入をより安定させる**ことができます。ただし、年金受給額が増えるとそれに伴い社会保険料や税金、医療費や介護費などの負担も大きくなることが懸念されます。年金の繰上げや繰下げを検討する際には、ファイナンシャルプランナーなどの専門家に相談しておくと安心です。

その反対に、早くから年金が欲しい場合は、受給金額を減らすことで、65歳よりも前から年金受給ができます。たとえば、これから年金を受給する方の場合、約24%減額すると、60歳から年金受給ができます。これを「繰上げ受給」と呼びます。79歳以下で亡くなった場合は、60歳から繰上げ受給したほうが、しなかった場合よりも年金の総受取額が多くなります。

なお、**老齢基礎年金額は毎年見直されるので、将来の受給額を確定することはできません。**また、厚生年金も厚生年金保険に加入していた期間や支払った保険料の金額によって、受給金額は変わってきますので注意が必要です。

老齢基礎年金の繰上げ、繰下げ受給額（参考）

（％）

		0カ月	1カ月	2カ月	3カ月	4カ月	5カ月	6カ月	7カ月	8カ月	9カ月	10カ月	11カ月
繰上げ受給	60歳	76	76.4	76.8	77.2	77.6	78	78.4	78.8	79.2	79.6	80	80.4
繰上げ受給	61歳	80.8	81.2	81.6	82	82.4	82.8	83.2	83.6	84	84.4	84.8	85.2
繰上げ受給	62歳	85.6	86	86.4	86.8	87.2	87.6	88	88.4	88.8	89.2	89.6	90
繰上げ受給	63歳	90.4	90.8	91.2	91.6	92	92.4	92.8	93.2	93.6	94	94.4	94.8
繰上げ受給	64歳	95.2	95.6	96	96.4	96.8	97.2	97.6	98	98.4	98.8	99.2	99.6
	65歳	100	100	100	100	100	100	100	100	100	100	100	100
繰下げ受給	66歳	108.4	109.1	109.8	110.5	111.2	111.9	112.6	113.3	114	114.7	115.4	116.1
繰下げ受給	67歳	116.8	117.5	118.2	118.9	119.6	120.3	121	121.7	122.4	123.1	123.8	124.5
繰下げ受給	68歳	125.2	125.9	126.6	127.3	128	128.7	129.4	130.1	130.8	131.5	132.2	132.9
繰下げ受給	69歳	133.6	134.3	135	135.7	136.4	137.1	137.8	138.5	139.2	139.9	140.6	141.3
繰下げ受給	70歳	142	142.7	143.4	144.1	144.8	145.5	146.2	146.9	147.6	148.3	149	149.7
繰下げ受給	71歳	150.4	151.1	151.8	152.5	153.2	153.9	154.6	155.3	156	156.7	157.4	158.1
繰下げ受給	72歳	158.8	159.5	160.2	160.9	161.6	162.3	163	163.7	164.4	165.1	165.8	166.5
繰下げ受給	73歳	167.2	167.9	168.6	169.3	170	170.7	171.4	172.1	172.8	173.5	174.2	174.9
繰下げ受給	74歳	175.6	176.3	177	177.7	178.4	179.1	179.8	180.5	181.2	181.9	182.6	183.3
繰下げ受給	75歳	184（以降同じです）											

出典：日本年金機構「老齢年金ガイド　令和5年度版」をもとに作成

老後ひとり暮らしの投資は危険もいっぱい

「退職金を運用しませんか？」

金融機関に口座を持っていると、こんな営業をかけられることがあります。**金融機関は、口座にまとまったお金が入金されたことを把握しているので、絶好の営業機会になる**のです。

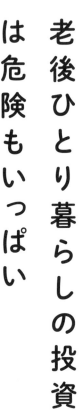

たしかに預貯金の金利は低いので、「ただ預けておくよりはいいかも」と考えてしまいますが、60代以上の高齢者は投資には慎重になったほうがいいでしょう。

理由のひとつは、金融機関です。**大手の銀行や証券会社で販売している金融商品は、ネット証券と比べると運用コストが高い傾向にあります。**証券会社や銀行で販売している金融商品は主に投資信託です。投資信託には①販売手数料②運用手数料（信託報酬）③解約手数料の3つがあります。いまは③の解約手数料を取る投資信託はほとんどないようですが、購入の際には、念のため確認しておいたほうがいいでしょう。

しかも、販売窓口にいるのは「運用のプロ」ではなく「販売のプロ」です。彼らも商売ですから販売ノルマがあり、**売りたい商品、つまりは儲けが大きい商品をすすめてきます**。

お金の相談ができる相手はなかなかいませんし、おひとりさまなら、なおさらでしょう。金融機関の担当者につい頼りたくなりますが、信用しすぎるのも危険です。

さらに、リスクの問題もあります。

投資におけるリスクとは、値上がりと値下がりの振れ幅が大きいことです。一般に比較的振れ幅が小さいとされる債券を組み込むなど、高齢者はリスクにより慎重にならねばなりません。

若い現役世代と違って、高齢者は収入も運用期間も限られます。長期・分散投資は安定運用の鉄則ですが、高齢者にとって現実的でしょうか？　若ければ損失が出ても働いて取り戻すことができますが、高齢者には難しいでしょう。

家計の見える化をして、いかに赤字を出さず、資産を減らさないかを考えたほうが無難だと思います。

現役世代なら「ＮＩＳＡ」や「ｉＤｅＣｏ」も選択肢に

50代までの現役世代であれば、投資による資産形成は有効な手段になります。おすすめは、給料から天引きで貯蓄や投資に回せる仕組みを先取りして貯めることです。「財形貯蓄」などの積み立て方法もありますが、超低金利の現在ではほとんど増やすことができません。

現役世代ならNISAはおすすめ

	つみたて投資枠 併用可	成長投資枠
年間投資枠	120万円	240万円
非課税保有期間（注1）	無期限化	無期限化
非課税保有限度額（総枠）（注2）	1,800万円 ※簿価残高方式で管理（枠の再利用が可能）	1,800万円 ※簿価残高方式で管理（枠の再利用が可能） 1,200万円（内数）
口座開設期間	恒久化	恒久化
投資対象商品	長期の積立・分散投資に適した一定の投資信託 （現行のつみたてNISA対象商品と同様）	上場株式・投資信託等（注3） （①整理・監理銘柄 ②信託期間20年未満、毎月分配型の投資信託及びデリバティブ取引を用いた一定の投資信託等を除外）
対象年齢	18歳以上	18歳以上
現行制度との関係	2023年末までに現行の一般NISA及びつみたてNISA制度において投資した商品は、新しい制度の外枠で、現行制度における非課税措置を適用 ※現行制度から新しい制度へのロールオーバーは不可	

出典：金融庁ホームページ「NISAとは？」
https://www.fsa.go.jp/policy/nisa2/about/index.html

（注1）非課税保有期間の無期限化に伴い、現行のつみたてNISAと同様、定期的に利用者の住所等を確認し、制度の適正な運用を担保

（注2）利用者それぞれの非課税保有限度額については、金融機関から一定のクラウドを利用して提供された情報を国税庁において管理

（注3）金融機関による「成長投資枠」を使った回転売買への勧誘行為に対し、金融庁が監督指針を改正し、法令に基づき監督及びモニタリングを実施

（注4）2023年末までにジュニアNISAにおいて投資した商品は、5年間の非課税期間が終了しても、所定の手続きを経ることで、18歳になるまでは非課税措置が受けられることとなっているが、今回、その手続きを省略することとし、利用者の利便性向上を手当て

場合によっては元の金額よりも減ってしまうというリスクはありますが、**国が資産形成促進のために税制優遇を設けている「NISA」（ニーサ）や「iDeCo」（イデコ）などの投資を始めるとよいでしょう。**

NISAとは、株式や投資信託やETFなどへの投資の運用益や配当金などが非課税になる制度です。通常、株式投資などを行うと、その利益に対して約20％の税金がかかります。**NISA口座を通せば利益が非課税になるので、はじめて投資をするならNISAがおすすめです。**２０２４年からは新NISA制度が始まります。これまでは長くて20年の運用期間しかありませんでしたが、期間が無制限となり、非課税限度額も大幅にアップしました。

iDeCoは、将来の年金を投資で積み立てる制度です。

iDeCoの場合は自分で運用商品（定期預金、保険商品、投資信託）を選んで、それが増えれば増えた金額が、もし減ってしまった場合は減った金額が年金として受け取れます。

拠出された掛金とその運用益との合計額をもとに、将来の給付額が決定する年金制度です。掛金額（＝拠出額）が決められている（＝Defined Contribution）ことから、確定拠出年金（DC）と呼ばれています。

iDeCoも運用益は非課税です。また、拠出した額は全額所得控除されます。仮に毎月の掛金が1万円とすると、所得税10％、住民税10％の場合、年間2・4万円の税金が軽減されます。さらに、受給時には年金受け取りの場合は雑所得控除の、一括受け取りの場合は退職所得控除の対象となります。

積立額（掛金）は、個人の働き方などに応じて設定された年間限度額の範囲内で、加入者自身が決めます。毎月同額ずつ積み立てる場合だと、たとえば企業年金のない会社員の場合（企業型確定拠出年金もない場合）、月2万3000円、公務員であれば月1万2000円が掛金の上限額となります。

ただし、iDeCoの場合は掛金は毎月5000円からで、60歳になるまでは引き出すことができません。それに対してＮＩＳＡの場合は１００円から投資できて、いつでも現金に換えることができるので、最初はＮＩＳＡから始めるとよいでしょう。

とはいえ、**投資には元本割れのリスクがあります。**しっかりと勉強して自己責任で投資先を選びましょう。

ひとり暮らしのコスパ

本章の最後に、ひとり暮らしの人が陥りやすい金銭感覚の罠について触れておきます。

「結婚はコスパ（コストパフォーマンス）が悪い」

「ひとりはお金が自由に使えて最高」

そんな意見を目にすることがあります。もちろん、結婚するのも独身を貫くのも、お金だけが理由ではないでしょう。ただ生き方の選択には経済的な視点も欠かせませんから、こうした切り口で良し悪しを語る人がいても不思議ではありません。

さて、本当にひとり暮らしは経済的自由を手にしやすいのでしょうか？　結婚はコスパが悪いのでしょうか？

結婚のコスト面だけを見れば、独身よりも高くなることは容易に想像できます。

婚約指輪に結婚指輪、結納式、結婚式代。親の援助などがあるとしても、百万単位のお金がかかります。ゼクシィ結婚トレンド調査2022によれば、結婚資金の平均額は371万3000円だそうです。

それから子どもができたら、ひとりを大学まで通わせた場合に約3000万円かかるといわれています（参考「フコク生命の学資保険みらいのつばさ」）。

これらのお金は結婚することで単純に上乗せされるものです。独身でいればその分を自由に使えると思えば、たしかに結婚はお金がかかります。

ただしパフォーマンスの面に目を移せば、**結婚と独身生活でそれぞれ得られるものの価値基準はまったく違いますから、一概にどちらが優れているとはいえないでしょう。**

ひとり暮らしの生活費は割高になりがち

では、日々の生活費はどう違うのでしょうか。

結婚してひとり暮らしから2人暮らしになったときに、まず増えるのが家賃です。ワンルームに2人で住むことができないというわけではないでしょうが、たいていは心機一転の意味も込めて、もっと広い部屋へと引っ越しをすることでしょう。

しかし、**部屋数が2倍になったからといって家賃が2倍になることはありません。**

リーウェイズ株式会社の不動産評価レポートによれば、駅からの距離や築年数をほぼそろえた場合、東京都内で20平米の部屋を借りる場合の平均家賃は7万8800円で、40平米の部屋の場合は12万8800円です。もしいままでの2倍の家賃を支払うのであれば、2・5倍の広さの部屋を借りることができるとの試算もあります。トイレや風呂や玄関の広さはどの部屋でもたいして変わらないので、有効に使えるスペースはさらに広くなるでしょう。

次に、広くなった分、水道光熱費も増えることになりますが、こちらは2人分かかっていた基本料金が1つになって、部屋の明かりやテレビ、調理やお風呂にかかる水道ガス代が共同になることを考えれば、さらに効率的になります。**住居だけで考えるのであれば、ひとり暮らしは最もコスパが悪く、大勢で暮らせば暮らすほど共同で使える部分が増えて、パフォーマンスが上がっていきます。**

食事については、外食をしているのであれば単純に2倍になりますが、自炊して2人分を作るのであれば、別々に自炊するよりも効率が良くなります。結婚をしたら外食が減って、お金も貯まるようになったし、健康的になったという話もよく耳にします。

交通費も、電車を使っていれば2人分で2倍ですが、車を使うのであればひとりを運んでも2人を運んでもかかる費用は変わりません。このように**結婚して人数が2倍になることでスケールメリットを効かせられるようになる場面が増えてきます。**

日本の税制は子育て世帯に有利

次に税金について考えてみましょう。

日本の制度は、独身者よりも夫婦、夫婦よりも子育て世帯のほうに優しくなっています。政府としては、国民にどんどん結婚して子どもを作ってもらいたいので、当然の措置といえるでしょう。

実際に、どのような違いがあるのでしょうか。

総務省の「家計調査年報（家計収支編）二人以上の世帯」の2022年調査によれば、夫のみが働いている専業主婦世帯の平均年収は677万5200円ですから、世帯年収

700万円と仮定してみましょう。
年収700万円の会社員が独身でいた場合と、専業主婦を持った場合との税金を比較します。
独身の場合、給与所得控除後の金額が520万円となり、ここから基礎控除48万円と社会保険料控除約105万円を引いて、課税所得は367万円になります。
この場合、所得税の税率は20%なので、次のような計算になります（平成25年から令和1年までの各年分の確定申告では所得税と復興特別所得税を併せて申告・納付することとなりますが、ここでは便宜上含まれていません）。
所得税：367万円×0・2－42万7500円＝30万6500円
また、東京都の場合の住民税は以下のようになります。
所得割：（520万円－105万円－43万円）×10%＝37・2万円
均等割：4000円＋1000円＝5000円
住民税：37・2万円＋5000円－2500円＝37万4500円

つまり、所得税と住民税を合わせた税金総額は68万1000円です。

一方、夫婦の場合は、専業主婦が扶養家族となって配偶者控除があるので、課税所得は334万円となります。

所得税：334万円×0・2－42万7500円＝24万500円
住民税：33・9万円＋5000円－2500円＝34万1500円

つまり、所得税と住民税との合計は58万2000円となります。

結婚して扶養の配偶者がひとり増えるだけで、税金は約10万円安くなります。

年金のパフォーマンスは結婚がお得

最後に健康保険料と厚生年金保険料を合計した社会保険料（東京都　協会けんぽ）を比較してみましょう。

会社員の場合、**扶養家族が増えたとしても、その分の保険料を支払う必要はありません。**

ということで、独身でも夫婦でも社会保険料は105万3144円で同じです。同じ金額で2人分の社会保障が得られるのですから、たいへんお得な制度といえます。

言い換えれば、**会社員の妻は年金保険料を納めなくても、65歳から亡くなるまで毎月5〜6万円**（**平均受取額を参考**）**の老齢基礎年金受給者として受け取ることができる**のです。これは国民年金保険料を支払ってきた人と（加入期間が同じであれば）同額となります。

男性も女性も、独身でフリーターをしている場合には、年間20万円弱の国民年金保険料と、所得に応じた国民健康保険の保険料を自分で支払っていかねばなりませんが、結婚して会社員の扶養家族となると、国民年金も健康保険も保険料を支払う必要がなくなります。

もちろん、**病気やケガのときには会社員の夫もしくは妻の健康保険を使って医療機**

関を受診できます。 子どもも同様です。つまり、ひとり分の健康保険料で妻子など世帯全員の健康保険をまかなうことができるのです。年収や年齢などの条件を満たせば、扶養している親なども ここに含めることができます。

ちなみに、以上の説明は、会社員の扶養家族となった場合だけであり、妻も働いていて年収が130万円以上ある場合や、自営業（個人事業主）やフリーランスの扶養家族の場合には当てはまりません。その場合は、国民年金も国民健康保険も妻の分を支払うことになります。

では、実際に65歳からもらえる毎月の年金額（老齢年金受給権者平均年金月額）を世帯別に見てみましょう。

夫婦共働きの会社員の場合、もらえる年金額は世帯合計で約27万円です。2人分の年金保険料を支払ってきたのですから、当然といえる金額です。

会社員と扶養家族（専業主婦）世帯の場合、その金額は共働きの場合よりも少なくなって、約22万円です。しかし、**支払ってきた年金保険料はひとり分ですから、かなりお得です。**

次に、夫婦ともに自営業の世帯の場合は、支払ってきた国民年金保険料は2人分ですが、国民年金だけなので、世帯合計でも約11万円にしかなりません。会社員の場合は、国民年金に上乗せして、会社が保険料を半分負担してくれる厚生年金に加入しますが、自営業の場合はそのような公的年金の仕組みがないからです。

おひとりさまの場合はどうなるでしょうか。

年金の金額は現役時の年収に比例するので、男性会社員の平均は約16万円、女性会社員の平均は約10万円となります。個人事業主の場合は、国民年金だけなので約5〜6万円です。

おひとりさまの場合は、ややもすると生活が苦しくなってしまいそうな金額です。

この金額で老後の準備をして、もしかすると両親の世話もしなければいけないと考えると、年金だけに頼らずにしっかりと貯めていかねばという気になります。

おひとりさまがもらえる年金額は?(参考)

	世帯	年金平均額	合計
夫婦ともに会社員の世帯	夫	163,380円	268,066円
	妻	104,686円	
会社員+専業主婦世帯	夫(会社員)	163,380円	217,726円
	妻(専業主婦)	54,346円	
夫婦ともに自営業の世帯	夫	59,013円	113,359円
	妻	54,346円	
シングル世帯	会社員(男性)	163,380円	
	会社員(女性)	104,686円	
	個人事業主(男性)	59,013円	
	個人事業主(女性)	54,346円	

出典:厚生労働省「厚生年金保険・国民年金事業年報(令和3年度)」厚年10表、国年13表をもとに作成

いかがでしょうか。たしかに、おひとりさまはお金をどう使おうと自由かもしれません。しかし生涯のコストパフォーマンスで見ると、有利とも言い切れません。

ひとりの場合、何にお金を使っても誰も文句を言いませんが、**あまりにも奔放に使っているとブレーキが効かず、いつのまにか収支のバランスを崩してしまいかねません。**

老後ひとり暮らしになってからお金を増やすのは簡単ではありませんから、よほどの余裕がない限り「お金の壁」を意識して対策をしてほしいと思います。

第4章

健康の壁

「おひとりさま」のボリュームゾーンは健康不安のある高齢者

皆さんは「おひとりさま」と聞いたときに、どのような人をイメージするでしょうか？

「令和2年国勢調査」に基づく日本の単身世帯の年齢別割合を見ると、女性の単身世帯の場合は20代〜30代前半は23・0％、30代後半〜50代前半は18・0％しかありません。独身のひとり暮らしに若い人が多いのは想定どおりですが、問題なのはその後です。50代後半以上が59％を占めているのです。

つまり、女性の「おひとりさま」は半数以上が55歳以上となります。

ちなみに男性の単身世帯の場合は、20代〜30代前半が30・5％、30代後半〜50代前

おひとりさまの多くが高齢者

(%)

単身世帯の年齢別割合	男	女
24歳以下	11.4	9.7
25~34歳	19.1	13.3
35歳～44歳	14.0	7.9
45歳～54歳	17.1	10.1
55歳～64歳	14.5	10.8
65歳以上	23.9	48.2

出典：令和2年国勢調査人口等基本集計結果

半は31・1％、50代後半以上が38・4％と最も多くなります。

少子高齢化が進む現在、「おひとりさま」の多くは高齢者というのが日本の現実ではないでしょうか。

65歳以上の男性の7人に1人、女性の4人に1人がひとり暮らし（単身世帯）ということになります。

そうなると、気になるのが「健康の壁」です。「おひとりさま」は健康でいるうちは、自分のお金や時間を自由に使える素敵なライフスタイルですが、**ひとたび大病を患ってしまうと、看病してくれる人もなく、窮地に陥りかねません。**

入院時の身元引受人はいますか？

おひとりさまの悩みの典型は、**健康を害したときの入院問題**にあります。

人間は、年を経るごとに身体が衰えていきます。個人差もありますし、肉体トレーニングによって健康を維持することもできますが、150歳を超えて生きている人がいないのと同じで、いつまでも健康で病気知らずという人はいません。

厚生労働省の「患者調査（令和2年）」を調べると、患者の年齢が上がるに従って、平均入院日数が長くなっていく様子がきれいな右肩上がりで見て取れます。**90歳以上となると、平均で1回あたり65・3日間も入院することになります。**

しかし、**入院はおひとりさまにとっては鬼門**です。

なぜならば、日本の病院のほとんどは、**入院時に入院費用の支払いを担保する連帯保証人と、緊急時の身元引受人の記載を求めてきます。**

身元引受人（緊急時連絡先）というのは、万が一、病院内で亡くなってしまった場合などに遺体を引き取ってもらう人です。これが決まっていないと、病院には身元不明の遺体がどんどん溜まっていくようなことにもなりかねません。

誰に頼めばいいのか

通常、身元引受人は患者の同居人が記載されます。しかし、おひとりさまには同居人がいません。このような場合は、**親きょうだいなど、別居している親族に身元引受人を頼むことになります。**

もちろん親族であれば、それくらいの頼みは引き受けてくれるでしょうが、厄介なのは死後に発生する手続きや儀式です。葬儀はどこでどのように行うのか、お骨を納める墓はどうするのか、遺品はどのように整理して誰が相続するのか、役所への手続きはどうするのかなど、問題が山積みです。

おひとりさま本人はすでに亡くなっているので何もすることはないのですが、**厚意で身元引受人になってくれた方に迷惑をかけてしまうのはあまり望ましくないでしょう。**詳しくは「死後の壁」の章でお伝えしますが、大切なのは、あらかじめ死後の処理を自分で考えて準備しておき、身元引受人に明確に伝えておくことです。

そのまえに大きな壁となるのが、身元引受人の選定です。

入院が決まってからでは遅すぎる

この身元引受人というのは、たとえば本人の意識がなくなった場合に、本人に代わって医療行為に同意する役目を負うこともあり、選定にも気を遣います。

また、入院時にいきなり「身元引受人になって」と頼まれても、相手も心の準備ができていないでしょうし「何をすればいいの？」と慌ててしまうでしょうから、**健康で元気なときにあらかじめ「もし入院することになったら身元引受人をお願いします」と頼んでおく必要があります。**


そもそも、脳出血や脳梗塞や心筋梗塞で病院に運ばれるのだとしたら、入院時にあなたの意識がなくなっていたり、しゃべることができなかったりすることもありえます。つまり、**入院することになってから身元引受人を探すのでは遅すぎる**わけです。

私のおすすめは、これを読んだらいますぐにでも「あの人に身元引受人になってもらおう」と決めて、相談しておくことです。

そうすると十中八九「何をすればいいの？」と聞かれるでしょうから、「自分が意識不明になったら、病院から次のような相談があるかもしれない」と伝えておいてください。

①緊急連絡先

身元引受人とは、入院時に緊急連絡先としてその人の名前と電話番号が記載されることを意味します。許可を得ておきましょう。

②同意書へのサイン

身元引受人は、場合によっては入院や手術の同意書へのサインを求められることがあるかもしれません。患者本人のサインだけでＯＫという病院もあります。

③入院中に必要な物品の準備

もしも、入院時にあなたの身体がほとんど動かないような状態であった場合、身元引受人に、入院中に必要な物品（お金や着替え、歯ブラシ、ティッシュペーパーなど）の準備を頼むことがあるかもしれません。

④入院費

もちろん、あなたは十分に入院費にあてられる金額の貯金があるとは思いますが、もしかすると一時的に立替払いを頼むことがあるかもしれません。

あなたが入院費を支払えなかったときの最終的な請求は、後述する連帯保証人に行くので、身元引受人が連帯保証人と同一人物でない場合は、金銭的な負担をかけることにはなりません。

⑤退院支援

無事、退院できることになったときでも、車椅子に乗ったままということもあります。入院中の部屋の管理と合わせて、身元引受人にお世話になるかもしれません。

⑥(死亡時の)遺体・遺品の引き取り・葬儀等

万が一、入院中に亡くなるようなことがあった場合、遺体や遺品は身元引受人が引き取ることになります。死後の葬儀などの希望があれば伝えておくとよいでしょう。

身元保証人は法律によって定められた制度ではなく、あくまでも病院が慣習として求めているものです。

また、過去に厚生労働省は「身元保証人等がいないことのみを理由に医療機関において入院を拒否すること」は、医師法第19条第1項「診療に従事する医師は、診察治療の求めがあった場合には、正当な事由がなければ、これを拒んではならない」の規定に抵触するという通知を出しています。

ですから、**身元引受人がいないからといって入院できないということにはならないでしょうが、実際問題として緊急時連絡先がないと治療がとどこおることも考えられる**ので、あらかじめ誰かに頼んでおくとよいでしょう。

もしどうしても身元引受人が見つからない場合は、金銭と引き換えに身元引受サービスを提供する民間会社やNPO法人などもありますが、中には悪質な会社もあるので、まずは住んでいる自治体に相談してみてください。

入院時の連帯保証人はいますか？

入院時には、身元引受人とは別に、**あなたが医療費を支払えない場合に代わりに支払う連帯保証人も必要になります。**

もちろん、あなたが医療費を支払える限りは連帯保証人に連絡が行くことはありませんし、迷惑をかけることもないのですが、病気が長引いて働けなくなったり、あるいは保険診療外の先進医療などで高額な支払いが発生したり、**連帯保証人に支払いを立て替えてもらわざるを得ないような事態が絶対に起きないとも限りません。**

そこで病院側としてはこれもまた慣習として連帯保証人の記載を求めています。

お金が絡む頼み事はしにくい

通常、身元引受人は、最も親しくしている相手に頼むものですから、連帯保証人も同じ相手にしておきたいと思うかもしれません。

しかし、**一般的に連帯保証人は「患者と独立した生計を営み、かつ支払能力を有する成年者」という条件がついています。**

たとえば、同居している配偶者は、通常は同一生計となっているので、身元引受人にはなれても連帯保証人にはなれません。

あなたがおひとりさまで、田舎の老親に仕送りをして扶養親族にしている場合は、やはり同一生計と見なされるので、その老親は身元引受人にはなれても、連帯保証人にはできないのです。

さらにいえば、身元引受人であれば人情から簡単に引き受けてくれる友人もいそうですが、**金銭の保証が発生する連帯保証人となるとためらう人も出てくるかもしれません。**

あなたが医療費の支払いに何の問題もなければ連帯保証人はただ名義だけのものとなり、どちらかといえば身元引受人のほうが責任の重い仕事になる可能性が高いのですが、いざ頼むとなるとお互いに躊躇してしまいそうです。

連帯保証人を他人に依頼するときは、**自分の貯金額を伝えて、「絶対に迷惑がかかることはない」と保証するくらいのパフォーマンスが必要かもしれません。**

ほとんどの医療費は高額療養費制度でまかなえる

実際のところ、日本には高額療養費制度があって、保険診療の場合は自己負担の限度額が決められているので、通常は患者本人が医療費の支払いが困難になることはありません。

高額療養費制度とは、医療費の家計負担が重くならないように、1か月の上限額を定めて、その金額を超えた分は国から支給するという制度です。

高額療養費制度は、いわゆる健康保険の医療費の一部負担制度とは別のものです。通常、健康保険に加入していると、現役世代は自己負担割合が医療費の3割となります。つまり1万円の医療費がかかったとしても、支払いは3000円で済むわけです。

ちなみに就学前の幼児は2割負担で、75歳以上の後期高齢者となると1割負担で済むこともあります。

この自己負担額が、入院や手術などによって、ひと月に数十万円にもなることがあります。そのときに、**ひと月の上限額を超えた分を支給してくれるのが高額療養費制度です。**

医療費の自己負担割合

6歳未満（義務教育就学前）		2割
6歳以上70歳未満		3割
70歳以上75歳未満	現役並み所得者	3割
	以外	2割
75歳以上（後期高齢者医療：65〜74歳で一定の障害の状態にあると広域連合から認定を受けた方を含む）	現役並み所得者	3割
	一定の所得以上	2割
	以外	1割

出典：厚生労働省

〈後期高齢者の窓口負担割合が2割負担になる方〉

・令和4年10月1日から令和7年9月30日までの間は、1か月の外来医療の窓口負担割合の引き上げに伴う負担増加額を3000円までに抑えます（入院の医療費は対象外）。

・同一の医療機関・薬局等での受診については、上限額以上窓口で支払う必要はありません（負担増加額が3000円を超えた場合は、同月内のそれ以降の受診は1割負担になります）。そうでない場合では、1か月の負担増を3000円までに抑えるための差額を後日高額療養費として払い戻します。

・配慮措置の適用で払い戻しとなる方は、高額療養費として、事前に登録されている口座へ後日自動的に払い戻します。2割負担となる方で払い戻し先の口座が登録されていない方には、各都道府県の広域連合や市区町村から申請書を郵送します。申請にあたり、電話や職員訪問により口座情報登録をお願いすることは絶対にありません。同じく、キャッシュカードや口座通帳を預かったり、ATMの操作をお願いしたりすることも絶対にありません。医療費の還付を装った詐欺などには十分注意してください。

高額療養費制度の年齢・所得ごとの自己負担額

69歳以下の方の上限額

	適用区分	ひと月の上限額(世帯ごと)
ア	**年収約1,160万円～** 健保:標報83万円以上 国保:旧ただし書き所得901万円超	**252,600円+ (医療費−842,000)×1%**
イ	**年収約770～約1,160万円** 健保:標報52万円～79万円 国保:旧ただし書き所得600万～901万円	**167,400円+ (医療費−558,000)×1%**
ウ	**年収約370～約770万円** 健保:標報28万～50万円 国保:旧ただし書き所得210万～600万円	**80,100円+ (医療費−267,000)×1%**
エ	**～年収約370万円** 健保:標報26万円以下 国保:旧ただし書き所得210万円以下	**57,600円**
オ	**住民税非課税者**	**35,400円**

70歳以上の方の上限額(平成30年8月診療分から)

<table>
<tr><th colspan="2" rowspan="2">適用区分</th><th colspan="2">ひと月の上限額(世帯ごと)</th></tr>
<tr><th>外来(個人ごと)</th><th></th></tr>
<tr><td rowspan="3">現役並み</td><td>年収約1,160万円～
標報83万円以上
課税所得690万円以上</td><td colspan="2">252,600円+
(医療費−842,000)×1%</td></tr>
<tr><td>年収約770万円～約1,160万円
標報53万円以上
課税所得380万円以上</td><td colspan="2">167,400円+
(医療費−558,000)×1%</td></tr>
<tr><td>年収約370万円～約770万円
標報28万円以上
課税所得145万円以上</td><td colspan="2">80,100円+
(医療費−267,000)×1%</td></tr>
<tr><td>一般</td><td>年収156万～約370万円
標報26万円以下
課税所得145万円未満等</td><td>18,000円
(年14万4千円)</td><td>57,600円</td></tr>
<tr><td rowspan="2">住民税
非課税等</td><td>II　住民税非課税世帯</td><td>8,000円</td><td>24,600円</td></tr>
<tr><td>I　住民税非課税世帯
(年金収入80万円以下など)</td><td>8,000円</td><td>15,000円</td></tr>
</table>

過去12か月以内に3回以上、上限額に達した場合は、4回目から「多数回」該当となり、上限額が下がります。

70歳以上の方の場合（平成30年8月以降の診療分）

所得区分	本来の負担の上限額	多数回該当の場合
年収約1,160万円～の方	252,600円+ （医療費−842,000円）×1%	**140,100円**
年収約770万～ 約1,160万円の方	167,400円+ （医療費−558,000円）×1%	**93,000円**
年収約370万～ 約770万円の方	80,100円+ （医療費−267,000円）×1%	**44,400円**
～年収約370万円	57,600円	**44,400円**

（注）「住民税非課税」の区分の方については、多数回該当の適用はありません。

69歳以下の方の場合

所得区分	本来の負担の上限額	多数回該当の場合
年収約1,160万円～の方	252,600円+ （医療費−842,000円）×1%	**140,100円**
年収約770万 ～約1,160万円の方	167,400円+ （医療費−558,000円）×1%	**93,000円**
年収約370万 ～約770万円の方	80,100円+ （医療費−267,000円）×1%	**44,400円**
～年収約370万円	57,600円	**44,400円**
住民税非課税者	35,400円	**24,600円**

出典：高額療養費制度を利用される皆さまへ（平成30年8月診療分から）厚生労働省保険局
https://www.mhlw.go.jp/content/000333279.pdf

高額療養費制度におけるひと月の限度額は、年齢・所得に応じて負担額が異なります。70歳未満で年収300万円の会社員であれば、ひと月あたりの上限額は5万7600円です。**これを超えた分の自己負担額は公的医療保険から払い戻される仕組みです。**

ただし、12か月の間に医療費の自己負担が上限を超えることが3回あった場合は、4回目以降の上限額は4万4400円になります。これは治療が長期間にわたった場合の医療費負担を緩和するための措置です。

高額療養費制度での補塡は、基本的には後から還付されるものなので、病院の窓口では、**上限を超えた金額であってもいったんは自己負担する必要があります。** この支払いが負担になるという場合は、事前に自分の加入している健康保険組合に「健康保険限度額適用認定証」を申請して取得しておくことで、病院の窓口でも限度額までの支払いで済ませることができます。

また、高額療養費が払い戻されるのは、医療費を窓口で支払ってから2～3か月後になります。そのため、当座の支払いに困った場合をフォローする、高額療養費貸付制度があります。この制度を利用すると、高額療養費払い戻し額の8～9割を無利子でお金を借りることができます。

高額療養費制度は、「医療保険要らず」といわれるほど手厚い制度です。

この制度を理解していれば、医療費の連帯保証人になるのを怖がることはなくなるのですが、いかんせん**仕組みが複雑すぎて理解している人が少ない**のが難点です。

しかし、病院側は制度をよく理解しているので、連帯保証人については特に入院時に連絡をすることも、支払い能力の有無を確認することもたいていはありません。

そうはいっても、**おひとりさまが、入院時の身元引受人や連帯保証人を他人に頼む場合には、やはりそれなりの深い付き合いが必要となります。**

たとえば、おひとりさま同士で、お互いに相手の身元引受人になるとか、遺産の一部を相続できるように遺言書を書いておくとか、**何かしら相手にとってメリットのある約束にしておかないと、いざというときに頼りにならないかもしれません。**

いずれにせよ、連帯保証人が見つからないから入院できなかったというようなケースはあまり聞いたことがありません。

病院によってはクレジットカードを登録したり、あらかじめ一定額の入院保証金を入れたりすることで、連帯保証人は不要としているところもあります。もし心配であれば、事前にそのような病院を調べておくとよいでしょう。

おひとりさまにとって必要な保険とは？

健康について考えると、まずは健康を維持するための予防が大切です。それでも健康を害してしまったときには、医療や看護、介護などのケアを受けるためのお金が必要です。

高額療養費制度があるおかげで、日本では医療費の支払いはそれほど高額にはならないのですが、**入院中の食費や、個室を選択したときの差額ベッド代、そしてがん治療などにかかる先進医療費など保険適用外の医療については、高額療養費制度の対象外となってしまうので注意が必要です。**

そのような、万が一のために備えるのが民間保険です。

まずは被保険者が亡くなったときに死亡保険金が受け取れる生命保険です。これは家計の中心者が亡くなったときに扶養している家族が安心して暮らしていけることを目的に加入するもので、おひとりさまにはあまり関係がないかもしれません。

しかし、おひとりさまであっても、ローンを組んで不動産を購入するときには、団信と呼ばれる生命保険に加入することになります。これは、長期のローンの途中で借り主が亡くなってしまったときに、ローンの残債を完済するための生命保険になります。

どうしてもお世話になった友人、知人、団体にお金を残したい場合は、生命保険信託を利用すれば、信託銀行を使って法定相続人に限らず自由に保険金の受取人を指定できます。詳しくは信託銀行もしくは生命保険会社に問い合わせてください。

人によっては、おひとりさまだけれども扶養親族がいて、その相手のために生命保険に入っているという方がいるかもしれません。そのようなケースでは、扶養親族がいつまでも保険金を必要としているとは限らないので、必要がなくなったら見直しを検討しましょう。

がん保険はいる？　いらない？

次に有名なのは、医療保険でしょうか。

医療保険は、病気やケガで入院や手術をしたときに、給付金がもらえる保険です。通常、入院をするとその間は働けなくなって収入が減りますし、医療費の支払いも増えますから、それらの費用をカバーするための保険といっていいでしょう。

医療保険の中には、がん保険や生活習慣病特約といった、特定の病気に対してだけ備えるものもあります。

がん保険は、がんと診断されたら一時金が支払われ、また先進医療にも対応したものがほとんどです。がんの治療方法は進化しているので、昔に加入したがん保険は、新しいものと比較するなど、定期的な見直しが必要です。

前述のように、日本には高額療養費制度があって、高額な医療費の支払いをしなくても保険診療が受けられるようになっています。そのため一部には、がん保険は不要ではないかとする意見も見られます。

しかし、本当にそうでしょうか？　がんの罹患率は男女とも50代から高くなり、高齢になるほど高まります。**長期間の療養が必要なために仕事を辞めなければならなくなったり、あるいはがんを治療するために高額な先進医療を受けることを決めたりなど、高額療養費制度だけではカバーしきれない局面も想定できます。**

そのようなリスクに対して備えておきたければ、がん保険に加入しておくのもよいでしょう。

さらに備えるのであれば、**病気やケガなどで働けなくなった場合定額の給付金が受**

け取れる就業不能保険もあります。これは、生きるための保険、治療に専念するための保険といっても過言ではなく、万が一のときの、家計危機に役立つ保険です。住宅ローンを組んでいる方は、病気で働けなくなったときでも、返済に困らないよう団信の中に就業不能保険が組み込まれている場合もあります。

就業不能保険に加入するときに気を付けたいのは、どのようなときに保険金が支払われるかのチェックです。うつや精神疾患で働けなくなるという事態も想定できますが、就業不能保険がうつや精神疾患に対応していなかった場合は、給付金を受け取ることができなくなるからです。

おひとりさまが保険に加入するときに気をつけたいのが、自分が給付金等を請求できなくなるような事態の想定です。たとえば、病気やケガで寝たきりになって意思表示ができないケースでは、給付金の請求が行えず、せっかくの保険が無駄になってしまいます。

そのような場合のために、**あらかじめ所定の親族などを代理請求人として指定することができます**。

指定代理請求人は、基本的には配偶者や直系血族など親族に限られますが、事実婚や同性のパートナーなども同居して生計を一にしている場合は認められます。また、被保険者の療養看護に努めたり、財産管理を行ったりしている者も認められることが多いので、保険会社に相談してみてください。

第5章

心の壁

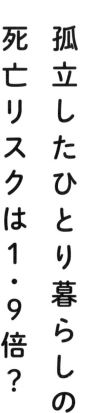

孤立したひとり暮らしの死亡リスクは1・9倍？

「孤独・孤立が寿命を縮める」といわれています。

ＮＨＫ健康チャンネルによれば、死亡リスクを増加させる要因として、肥満、過度の飲酒、喫煙などと並べて「孤立（社会とのつながりが少ない）」を挙げています。なんと、この４つの中で、「孤立」が最も死亡リスクを上げてしまうというのです。

ＮＨＫ健康チャンネルの元ネタになっているのは、アメリカのブリガムヤング大学のジュリアン・ホルト・ランスタッド教授による２０１５年の論文です。

同教授は、１４８の研究、30万人以上のデータをメタ分析して、死亡リスクの上昇

孤立で死亡リスクが1.9倍に！

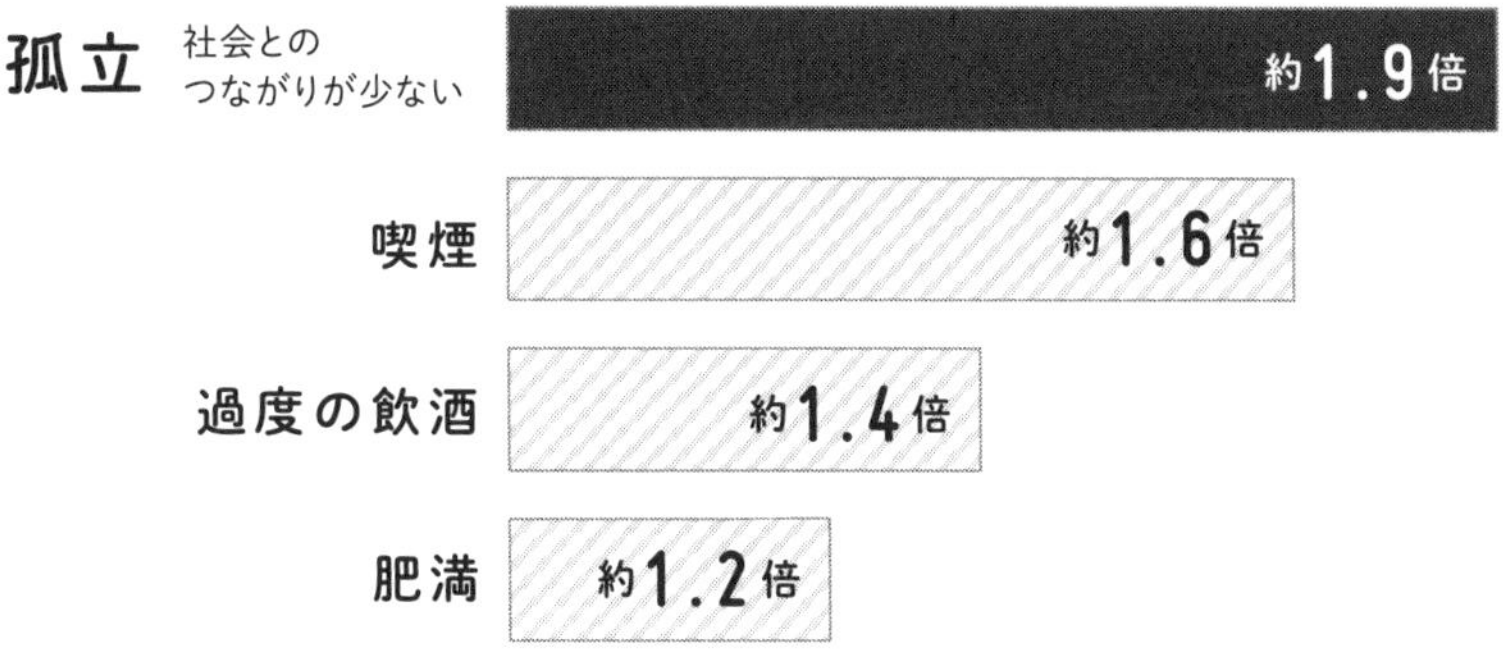

出典：NHK健康チャンネル「孤立が健康のリスクに!? 社会とのつながりを保つ秘けつとは」
https://www.nhk.or.jp/kenko/atc_1402.html

率は、「社会的孤立」で29%、「孤独感」で26%、「一人暮らし」で32%と結論付けました。

社会的なつながりが少なくて、孤独感を感じていて、ひとり暮らしであると、そうでない人に比べて**死亡リスクは約1・9倍**になってしまうのです。

同教授の以前の論文では、**孤独であることの死亡リスクは、「1日たばこを15本吸うことと同等」であり、「アルコール依存症であると同等」であり、「運動をしないことよりも高く」、「肥満の2倍高い」**とされています。

身体の痛みは、孤独・孤立が原因であることも

喫煙や飲酒は定量的なデータですが、孤立かそうでないかのボーダーラインはどこにあるのでしょうか。

同研究によれば、「社会的孤立」は客観的な他人との接触率で、「孤独感」は主観的な感覚でした。つまり**主観的には「ひとりでいて幸せ」と感じていたとしても、実際に他人との接触やコミュニケーションが少ない場合は死亡率が高まっていた**のです。

なぜそのようなことが起きるのか、都内でメンタルクリニックを経営する精神科医・江越正敏先生は次のように考えています。

「孤独が寿命を縮めるという論文は珍しくありません。2012年のカリフォルニア大学の研究でも、**60代以上の高齢者において孤独が死亡率を1・7倍高める**ことが報

告されています。また、２０１４年のシカゴ大学のカシオッポ博士の研究でも、**孤独感が交感神経の緊張の増加、炎症制御の低下、睡眠の減少を引き起こす**と報告されています」

「孤独感というのは純粋に身体に影響するのです。別の研究では、**孤独により、全身の炎症が強まる**との報告があります。炎症とは、風邪のときに喉が赤くなって、痛みを感じる状態のことです。風邪を引いて喉が痛くなっても数日すれば痛みや赤みは引きますよね。これを炎症が引いたと表現します。**風邪による炎症は一時的ですが、孤独による炎症はずっと続いてしまいます。**孤独が続くと体がずっと風邪を引いているような状態になってしまうので、**うつや認知症、心臓病など様々な病気を引き起こしてしまう**んですね。他の研究においても、孤独によって心臓病やうつ病が引き起こされるといわれています」

孤独が健康に害を及ぼすというのは、生理学的にも事実らしいということ。

孤独研究の第一人者であるカシオッポ博士は、**孤独感は睡眠不足や血圧上昇を招き、ストレスホルモンであるコルチゾールの上昇や、免疫細胞の遺伝子レベルでの変化などを引き起こす**としています。

いちばん心を病みやすいのはひとり暮らし中高年男性

江越先生によれば、**独身または離婚した人は、結婚している人に比べて孤独スコアが高く、それはうつ病の発生確率と正の相関関係がある**そうです。

孤独スコアは性別、年齢、社会経済的地位とは無関係とされているのですが、一方では、女性より男性のほうが孤独感を感じやすいとする研究もあります。

これは精神科医として様々な患者さんとお話する中での実感でもあるそうです。

一般に、**男性のほうが孤独について周囲に伝えることが苦手**であり、男性が孤独であると周囲に助けを求めると、女性の場合よりも話を聞いてもらえなかったり、非難されやすかったりするからです。

みずほリサーチ&テクノロジーズが2022年に行った調査では、**ひとり暮らし高齢男性の15%が「2週間内の会話が1回以下」だった**とされています。これは女性の場合の3倍の割合です。

ですから、**独身でひとり暮らしの中高年男性は最も孤独を感じやすく、身体的にも精神的にも病みやすいと自覚しておいたほうがよい**のです。

女性に比べると、**男性のおひとりさまはメンタルを病んでクリニックを受診する確率が圧倒的に多い**そうです。

江越先生のクリニックで最もよく見るのは、未婚の独身男性。彼らは頭痛、腹痛、腰痛、あるいは胸が痛いとか、目が痛いなどの症状を訴えるのですが、原因は心にあります。**心の奥では「結婚したいけどできない」ことに無自覚に悩んでいて、それを表立って口にできないために身体症状として表れてしまう**のです。

痛みがともなうので最初は内科を受診するものの、これといった原因が見つからず、不定愁訴として精神科を紹介されるパターンが多くあります。

人間は不快なことを我慢し続けていると、コルチゾールが増えて、最終的に痛みや炎症が発生するようにできています。それが前頭葉の神経細胞を不活化させて、うつ病になるのではないかと考えられています。

ですから、いま原因不明の痛みがあるという方は、それはもしかすると「孤独感」からくるものかもしれません。もちろん女性であっても同じです。

解決策は結婚だけじゃない

江越先生はその解決策として、最も手っ取り早いのは「結婚すること」だといいますが、手段はそれだけではありません。

そもそも、おひとりさまにはそれぞれの事情があります。結婚したくない人もいれば、すでに離婚したり配偶者に先立たれたりして、再婚する気がない人もいます。

ここで注目したいのが「孤独」と「孤立」という言葉の使い分けです。「孤独」というのは「寂しい」という心理状態です。一方、「孤立」というのは他者との接触やコミュニケーションが少ないという物理状態です。

この**「孤独」や「孤立」を解消できるのであれば、結婚にだけこだわる必要はありません。**

たしかに結婚して家族を持てば日常生活における「孤独」や「孤立」は解消されるかもしれません。子どもが生まれれば、単純につながる人数も増えますし、社会的なつながりが嫌でも増えていくこともあるでしょう。しかしひとり暮らしであっても人間関係や社会的なつながりは作れます。

ちなみに、**フランスでは1999年以来、結婚数は減少を続けています。**これは同年にパックス（PACS）という事実婚を認める契約制度が作られて、**結婚せずに事実婚のまま子どもを作っても、不利益がほとんどなくなった**からです。

また、2004年に離婚の手続きが改正されて簡単になってから、フランスでは離婚数も増えています。**恋愛の国フランスでは、いずれお互いに新しい相手が見つかって離婚するのであれば、最初から正式な結婚ではなく事実婚でよいと考える人が増えている**のでしょう。

結婚するということは、相手から「死ぬまであなたと一緒に暮らしたい」と承認されることですし、自分の家庭という所属先ができて、愛情を受け取ることができます。

しかし、人によっては配偶者からいつも文句を言われるなど、想定していたような承認を受け取ることができず、家に帰りたくないからと夜遅くまでバーやスナックでお酒を飲んでいる人も少なからず存在します。**家庭が安らぎの場所ではなく、所属感よりも責任やプレッシャーを感じてしまう人もいる**のです。

居場所を失ったおひとりさまが抱える深刻な問題

佐々木さん（仮名）は、腰痛と気分の低下で江越先生のクリニックを受診してきた50代の男性です。

芸能関係の雑誌編集者としてバリバリ働く、いわゆる独身貴族。未婚ですが、いつも年下の彼女を連れて歩いていました。

しかし、**あるとき突然、総務部へ異動になってしまいます。それから腰痛が悪化して布団から起き上がることもできなくなり、休職せざるを得なくなりました。**

佐々木さんの問題は、**自分の居場所を失ってしまったこと**です。佐々木さんはクリエイティブな仕事が大好きで、誇りをもって働いていました。ところが総務部に異動になり、相当にショックだったようです。彼は異動を「左遷された」と感じていました。その結果、うつ病を発症してしまったのです。しかし、本人はそれを認めていませんから、腰痛というかたちで身体症状として現れていたのです。

佐々木さんが興味深いのは、常に若い彼女をサポート役として連れ歩いていても十分に所属欲求を満たせていないこと。**それまであった居場所が奪われた喪失の痛みは、それだけ強いものなのでしょう。**

緩やかに自分らしさを変化させていく

さて、この状態から抜け出すには、どうすればいいのでしょうか?

佐々木さんは、もう一度クリエイティブな制作現場で働きたいと、転職を考えていました。**芸能人と一緒にモノ作りをしてこそ自分だ、というアイデンティティをなか**

なか手放すことができなかったからです。

しかし転職だけでは根本的な解決にならないかもしれません。新しい職場では立場も変わるでしょうし、以前と同じ手応えを得られるかも不明です。そして**職場というコミュニティはいずれ定年になれば外されてしまうため、老後の安定した所属先にはなりにくい**ところがあります。

ですから、将来のことも見据えて、**別のコミュニティにも所属して、徐々にアイデンティティを変化させていくことが必要です。**

江越先生によれば、精神科医の役割というのは、患者の気持ちに寄り添いつつ、これまでとは違ったアイデンティティへと緩やかに誘導することなのだそうです。

おひとりさまが心の壁を越えるために**必要なのは、自分はここにいてもいい、と所属欲求を満たすことができる場所です。**

ちょうどいい距離感の人間関係の作り方

おひとりさまが所属するコミュニティを探すときの条件はたったひとつ……居心地がいいことです。

それさえ満たしていれば、どんなものでもかまいません。

その場所を自分自身が好きであるかどうか、居心地がよいかどうかを重視してください。家族でも仕事でもないのに、イヤイヤ人間関係を築くことほどストレスになることはありません。

では具体的にどんなやり方があるか、いくつかヒントを紹介します。

近い友人・知人を大切にする

人がもっとも孤独を感じるのは、どんなときだと思いますか？

ある研究では**「言葉の通じない知らない町をひとりで歩いているとき」**だとされています。

部屋にひとりでいるよりも、知り合いのいないパーティに放り込まれて手持ち無沙汰にしているときのほうが、強い疎外感を感じますよね。つながっている他者と、たったひとりの自分を比べてしまうからでしょう。

新しいコミュニティに飛び込んでいくのもいいことですが、その前に、**いま周りにある友人・知人関係を見直してみて、関係が途切れないようにすることをおすすめします。**

特に年代の近い友人や知人は貴重な存在です。結局、なんでも話せて信頼できる人は、同年代の友人や、付き合いの長い知人だったりするものです。

子どもは、世代も違えば価値観も異なるので、意外と理解し合えないことがあります。親のプライドのようなものがちらついてしまう人もいるでしょう。

江越先生もこう言っています。

「最終的に患者さんの心を治療するのは時間。でもそのときに、一緒に食事をしたり励ましたりしてくれる友人がいれば、居場所が感じられて治りが早くなります」

ひっそりと胸に抱えた思いを誰かに聞いてほしいとき、本当にありがたいのは隣で「そうだよな」とお茶やお酒に付き合ってくれる友達なのです。

学生時代の友人や、ご近所の知人、趣味の仲間などとの関係がずっと続くように、定期的に会うなり、連絡をとるなりしましょう。

本当に仲のいい友人であれば、同じマンションで暮らすなど、引っ越して近所に住むことを検討すると、お互いの仲が深まりますし、孤独死対策にもなります。高齢の方は、同じ老人ホームに入居するなどを考えてもいいかもしれません。

無理しなくていい

新しいコミュニティに飛び込んだり、そこで人間関係を築いたりするのは、なかなかエネルギーがいります。馴染めなかったら嫌だとか、通うのが面倒だと、つい躊躇してしまう人もいるでしょう。

加えてありがちなのが「いまさらダメな自分を見られるのが嫌だ」ということ。新たなコミュニティとしてよく挙げられるのが習い事ですが、周りよりも下手な自分に、耐えられないわけです。比較的、男性に多い傾向かもしれません。

新しい習い事で最初は下手なのは当たり前ですが、劣等感が強いと通い続けるのが難しくなります。**どんなに好きでも、ある程度は認められなければ、そのコミュニティに安心感を抱くことができない**のです。

新しい人付き合いが苦手な人にお伝えしたいのは、無理しなくていいということ。義務感を抱く必要などありません。

誰しも、変化には少なからずストレスを感じるものです。気が合う人も、合わない人もいます。そういうものです。**嫌なら抜ければいいのです。**

おひとりさまは誰にも指図されないのがいいところ。**参加してみてダメならやめても、気に病む必要はありません。**

コミュニティの居心地は、入ってみないとわからないものです。**継続する固い決意よりも、気軽に出入りできる緩さのほうが、大事ではないでしょうか。**

そのうえで、習い事よりもハードルが低そうなのが趣味のサークルです。

自分が本当に好きで、お金や時間を注ぎ込める趣味があるのであれば、そちらで人間関係を作ってみましょう。**趣味の仲間とは話も合いやすいうえに、利害関係がまったくないので、長期的な友人には最適です。**

囲碁や将棋、野球やサッカー、アイドルやカメラ、旅行やゴルフ、読書や映画など、自分がハマれる趣味を見つけてサークルに参加してみましょう。

すでに得意なことがあれば、自分で教室を開いてしまう道もあります。生徒を集めるとなると余計にたいへんそうですが、趣味の延長で知り合いひとりから始めたって構いません。必ずしもお金をとらなくてもいいのですから、人とつながりを広げる口実を作るにはいいかもしれません。

もうひとつおすすめなのが、ボランティアなどの社会奉仕活動に参加することです。**社会奉仕活動は、常に人手を欲しがっていますから誰でも歓迎されますし、自他とも**

に社会の役に立っているという感覚が得られやすいので、承認も受け取りやすくなります。困っている人を助けて自分も幸せになるのであれば一石二鳥です。

わざわざボランティア団体を探さなくても、住んでいる地域の自治会や町内会の活動に参加すると、40代や50代でも若手の人手として大歓迎されます。

特に定年後の男性に対しては、地域のボランティアの担い手として期待されている部分もあるので、地域包括支援センターなどに声をかければすぐに紹介してもらえるでしょう。

オンラインをうまく使う

どうしても対面での人付き合いが苦手であれば、いまはオンラインという手もあります。

70代でX（旧ツイッター）を始めた「ミゾイキクコさん」や「大崎博子さん」をご存

知でしょうか？　10万人、20万人というフォロワーを抱え、本の出版までしているスーパーシニアです。

実はユーチューブやインスタグラムを使いこなすシニアもいます。

使い方を覚えないといけないですし、最初はひとりでコツコツ続けるだけになるので、使いこなすのは簡単ではないでしょう。ただ、**やってみるだけなら黙々とひとりで取り組めるので、向いている人もいるはずです。**

ネット上のつながりであろうと、誰かが見てくれていたり、ときにはメッセージをくれたりすることで、意外とたしかな居場所になります。それに、**新しいことへの挑戦は刺激に満ちていて、認知症の予防や生きる活力になったりもするでしょう。**

ネットだからといって、大勢とつながっていないと価値がないわけではありません。

たったひとりでも気の合う人が見つかれば十分、というくらいの気持ちで始めるほうが気楽でいいかもしれません。

このとき注意すべき点は、**特定の相手にこだわらないこと**です。大人数のコミュニティであれば、多少気の合わない人がいても問題ありませんが、**1対1の付き合いで気が合わないのは悲惨です。**

気が合いそうと思った人にはあまり深く考えずに近づいて、**合わないと思った時点で適度な距離を保つようにしましょう。**

「幸せホルモン」でひとりでも幸福度アップ

孤独、孤立を防ぐには人間関係を築くのがいちばんですが、おひとりさまにはそれが苦手な人もいます。なので、人と関わらなくても心の健康を保てる方法についても、いくつか紹介しておきましょう。

ペットを飼う

人間はだれかと触れ合ったときにはオキシトシン、笑ったときにはセロトニンという幸せホルモンが、自分の身体の中に分泌されることがわかっています。このホルモンが人間の幸福感を脳内に生み出しています。

そこで、おひとりさまにおすすめするのが、ペットを飼うことです。

脳は人と動物とを区別しないので、**ペットと触れ合うことでオキシトシンのような幸せホルモンを出すことができます。**

ペットという存在は、あなたがいなければ生きていけないという意味で赤ちゃんと同じです。大量の幸せホルモンを分泌させてくれることでしょう。逆にいえば、人間の赤ちゃんを育てるのと同じくらいの責任が飼い主にはかかります。

コロナ禍のときにペットを飼う人が増えて、コロナ禍が過ぎ去ったら捨てられるペットの数が増えたというニュースがありましたが、最後まで面倒を見られないのであれば動物カフェで触れ合う程度にとどめておくべきです。

諸事情でペットを飼えないという方は、家で観葉植物などを育てるのもよいと思います。

瞑想してみる

アップル社の創業者である故スティーブ・ジョブズ氏が、禅の思想を取り入れ瞑想を実践していたのは有名な話です。

瞑想というと非科学的なイメージがあるかもしれませんが、要するに心を落ち着かせるためのルーティンです。ジョブズ氏に限らず、多くのビジネスパーソンやアスリートが実践しています。

それに、近年は瞑想による心身の変化が研究によって明らかになってきてもいます。

たとえば、**瞑想は副交感神経を優位にするのでリラックス効果がある**とされていますし、**ストレスホルモンであるコルチゾールを低下させたり、幸せホルモンであるセロトニンの分泌を促す**とする研究もあります。

瞑想の効果には、主に次のようなものがあるといわれています。

・ストレスを減らす
・よく眠れるようになる
・痛みを軽くする

これらを通じて心身のバランスが整えられ、心が穏やかになり、幸福感を得られるのです。

江越先生は瞑想が趣味で、瞑想によって幸福を感じることができるのだそうです。

瞑想による幸せホルモンの分泌は、長時間続けることは難しいのですが、短時間であればハッピーになれるので、訓練してみるのもいいかもしれません。

散歩する

現状があまりにも元気がなさすぎて、瞑想も難しいという方に、最も簡単ですぐに始められる方法を最後に教えましょう。それは、昼間に散歩することです。

太陽の光を浴びると、セロトニンという幸せホルモンが活性化します。

また、身体を動かすことで、セロトニンやノルアドレナリンやドーパミンが分泌されます。

海外ではうつ治療の基本は、薬ではなく運動ともいわれています。

運動と聞くと億劫になってしまう人もいるでしょうから、散歩でかまいません。

歩く場所は、神社やお寺など緑の多い、いわゆるパワースポットと呼ばれる場所がいいでしょう。人間も自然の産物ですから、自然と触れ合うことで身体が活性化して、気分が良くなることが立証されています。

自分を客観視することが大事

おひとりさまは基本的にはしがらみも少なく、自由に楽しく暮らしているのですが、ふいに悩みができたときに、ひとりで悶々と抱えてしまいがちです。

そんなとき、悩みの袋小路に入り込んでしまわないように、自分を客観視することも大切な知恵です。

自分の状態を理解するヒントになるのが、アメリカの心理学者アブラハム・マズローの欲求5段階説です。

マズローは人間の欲求を5段階のピラミッドで表し、下の段階の欲求が満たされてはじめて、上の段階の欲求が出てくるものと考えました。

第1段階は、生理的欲求です。食事・睡眠・排泄など、人間が生命を維持するための基本的な欲求です。現代の健康な人間であれば生理的欲求はすぐに満たされます。

第2段階は、安全の欲求です。これは生命が脅かされない環境や、経済的安定や、健康状態の維持など、予測可能で秩序だった状態を得ようとする欲求です。天災や戦災から逃れて安全な場所に引っ越すこと、安定した職を得ることなどが含まれます。

第3段階は、所属と愛の欲求です。社会的欲求とも呼ばれます。自分が社会に必要とされている感覚や、どこかに所属している感覚を持ちたいという欲求です。この欲求が満たされないと孤独を感じて、不安を覚えます。

第4段階は、承認欲求です。自分が価値ある存在と認められ、尊重されることを求

マズローの5段階欲求

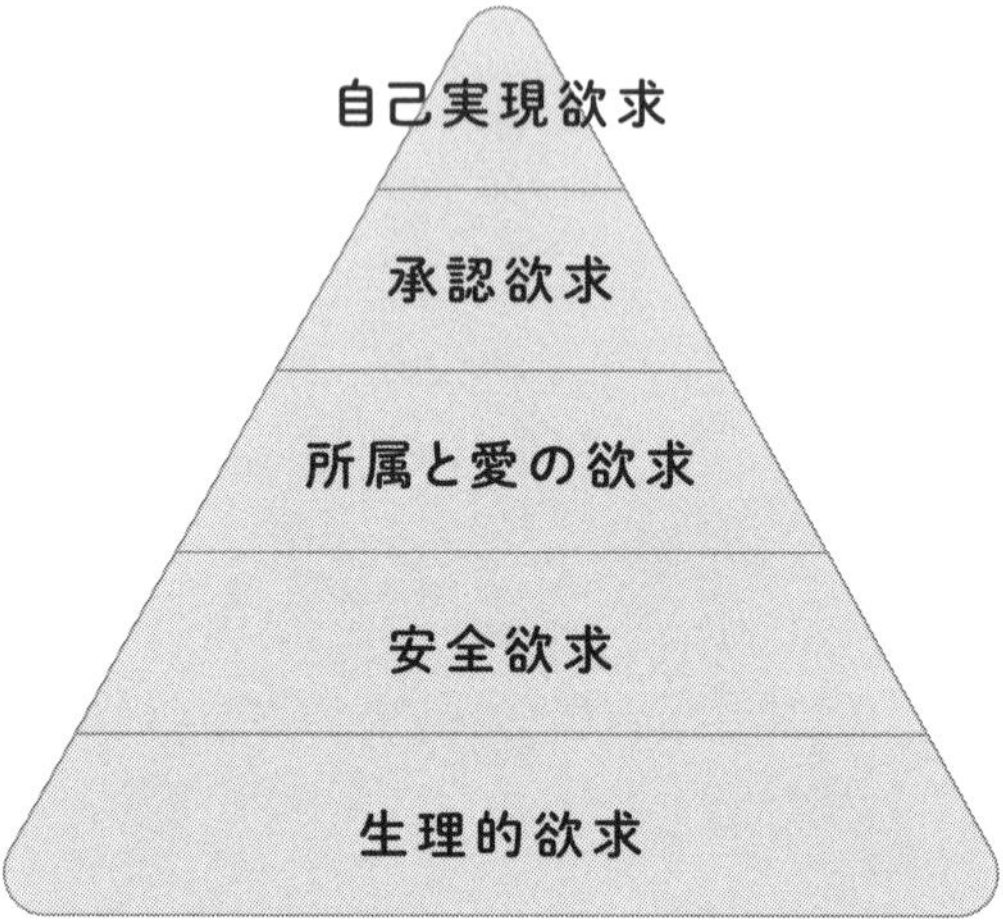

める欲求です。最初は他者からの尊敬や名声などを求めますが、次第に他人からの評価よりも自分自身からの評価を求めるようになります。

第5段階は、自己実現欲求です。自分の持つ能力や可能性を最大限に発揮するために、自分が充足する分野で満たされたいと願う欲求です。

マズローの理論に従えば、孤独や孤立を感じるのは、第3段階の所属と愛の欲求が満たされていないからです。

これは理想的な人間関係の職場で働くことや、趣味のサークルでいきいきと活動することと、家族の一員として確かな役割を持つことなどで満たされます。

つまり、**何らかの組織に所属して、仲間を持ち、その中できちんと役割を得て認められることができれば、孤独と孤立からは解放されるのです。**

若い頃にモテていた人は結婚が遅い？

知れば知るほど人の心は複雑です。

たとえば、**高次の欲求を満たすために、すでに満たされた低次の欲求については犠牲にすることもいとわなくなります。**

安定した暮らしを捨てて独立したり起業したりする人は、自己実現欲求や承認欲求を満たすために安全の欲求を犠牲にしているかもしれません。

また、**低次の欲求が長いこと満たされなかった場合は、いつまでもその欲求に固執することがあります。**

たとえば、若い頃にあまり認められた経験がない人は、年を経てからも承認欲求が残ります。苦労して成功した経営者が**不倫や夜の遊びにハマることがありますが、それは財力があるからでも性欲があるからでもなく、承認欲求に固執しているからかもしれません。**せっかく手に入れた居場所を壊すリスクを負ってでも、より高い欲求を満たしたくなるのです。

これの極端な事例が、仏教の開祖であるゴータマ・シッダールタ（仏陀）です。

当時、インドはたくさんの部族国家に分かれていて、仏陀はシャーキヤ国の王子として生まれました。仏陀は何不自由なく育ち、16歳で隣国の王女と結婚し、19歳で息子を授かっています。しかし、どんなにお金があっても地位が高くても人間には「生・老・病・死」の4つの苦しみがついて回ることを悩み、悟りを得たいと29歳のときに妻子を捨てて出家しました。

普通の人であれば、何不自由ない暮らしを捨てて無一文で苦行の旅に出るなんてできないのですが、生まれたときから様々な欲求が満たされていた仏陀だからこそ、所属と愛の欲求や承認欲求を捨てて、より高次の自己実現欲求に向かうことができたのだと考えられます。

マズローの5段階欲求を知ることは、自分を客観的に眺めることに役立ちます。

あなたが本当に求めていることは、なんでしょうか。

自分を見失うと心がもろくなる

田中さん（仮名）は非常に外見の整った美しい女性で、航空会社で接客の仕事をしていました。20代、30代は仕事もプライベートも充実して、とても楽しく人生を謳歌していました。

しかし、40代になってしばらくすると、異性といるとご飯が喉を通らなくなるという症状でクリニックを受診してきました。

プライベートでは異性に人気があり、職場でも評価されて昇進しているのですが、なぜかメンタルを病んでしまったのです。

田中さんは、結局、足かけ3年くらいかけて治療して回復していったのですが、**根**

底にあったのはアイデンティティの揺らぎからくるうつでした。

田中さんは、若いときは「男性からチヤホヤされる女性」という役周りを求められて、自分でもそれを楽しんでいました。ところが40代になって、そのような役回りがだんだんと求められなくなり、そのことにストレスを感じるようになったのです。

断っておきますが、田中さんは「嫌な人」ではありません。ただ若い頃に求められた役回りが自分に合いすぎていて、田中さん自身の仕事のストレス解消にもなっていたために、**自分の失策ではなく加齢という予期しないかたちでそれが奪われたしまったときに、自分を見失ってしまったの**です。

理想の自分と現実とのギャップ

このような危機は多くの人が経験します。

たとえば、会社で営業として優秀だった人が管理職になったときに成果を出せず「優秀な社員」というアイデンティティを失うとか、ひとりっ子として可愛がられていたのに、妹や弟が生まれたことでその地位を奪われて「赤ちゃん返り」するとか、枚挙にいとまがありません。

田中さんの場合は、仕事ができるようになって責任も大きくなりストレスも多くなったのに、**これまでのストレス解消法であったプライベートでは逆に主役になれなくなったことで、無意識にメンタルが追い詰められてしまった**のです。

治療の軸になったのは「仕事もできて異性からチヤホヤされる私」という自己像を、**「異性から褒められなくても自分で自分を認められる私」**という方向へ変えていくことでした。

他人からの承認をアイデンティティの中心においていると、何らかの理由で他人からの承認が得られなくなったときに、自己同一性が保たれなくなってメンタルが危機に陥ってしまいます。

しかし、自己実現欲求の段階に移って、自分で自分を承認できるようになれば、他人からの承認を求める承認欲求はなくなります。

自分を受け入れる

田中さんの場合は、親の希望もあって40代からお見合いなどの婚活にも参加していたのですが、それがまったく楽しくありませんでした。お見合いの席で食事が喉を通らなくなったし、家に帰ると吐いてしまったといいます。お見合いをやめたいと身体が訴えていたのでしょう。

最終的に田中さんは「結婚はしない」と決めて、それを親にもきちんと伝えて、休日に旅行やヨガを楽しんで自然と触れ合うようになってから、症状が緩和しました。いまでは男性女性関係なく、他人と一緒にご飯を楽しむことができるようになったそうです。

しかし「プライベートで女性として求められない」ことを受け入れるのには時間がかかりました。通常、女性は男性よりも周囲の環境への適応性が高く、承認欲求にとらわれてうつをこじらせることは少ないので、かなり前の話ではあるのですが、江越先生はとてもよく覚えているそうです。

このエピソードからわかるのは、自分が何を望んでいるのかを理解することが大切だという教訓です。

「こうでなければいけない」「こうであるべきだ」という思い込みは、ひとりで悩んでいるとなかなか捨てられません。もし他人に相談するのが難しいのであれば、ここでお伝えしたような知識をもって、自分を客観視してみることをおすすめします。

第6章

介護の壁

おひとりさまに立ちはだかる介護の壁

ひとり暮らしの人にとって、介護が必要になったらどうするか？　は非常に大きな問題です。

まだまだ身体が元気なうちは想像がつきにくいかもしれませんが、残念ながら歳をとれば徐々に他者の支援や介護が必要になってきます。同居人や身近な支援者がいない場合は、基本的に在宅介護サービスの利用や施設への入居を検討することになりますが、早めに手を打たないとそれらも困難になるケースがあります。

気性の荒さが施設探しのネックに

70代の男性、田村さん（仮名）は要介護1の認定です。

田村さんは認知症が原因で感情の起伏が激しく、機嫌が悪くなると机を叩いて威嚇したり、暴言を吐いたりするようになっていました。子どもがいるのですが、精神的な不安定さから距離を置かれていました。一時は精神病院に入院していたものの、退院後に行き先がなくなり、施設を探し始めます。

ところが、**収入が月に13万円程度の年金しかなかったことや、ときに暴力的な行動が見られてしまうことがネックになり、いくつもの老人ホームに入居を拒否されてしまいます。**

老人ホームは共同生活の場です。他の入居者に危害を加える危険があると判断された場合、入居は難しくなります。**本人も望まない病気が原因で、いざ介護が必要になっ**

ても老人ホームに入ることさえ困難になるケースがあるのです。

田村さんは時間はかかったものの、精神病ケアに積極的に取り組んでいる施設に入居できました。ただ、入居から数か月経っても家族からの面会はありませんでした。

たったひとりの支援者をなくして生活が破綻

70代後半の男性、飯田さん（仮名）は軽度の認知症を患っており要介護2、車いすで生活していました。

妻と子どもがいましたが、いまは独り身。さらに50代で仕事中に大きな事故にあって脳にダメージを受け、それ以降はずっと自宅にいる生活です。

唯一の頼れる身寄りは姉で、施設に入るまでの住まいも、姉が購入してくれた分譲マンションでした。

しかしそんな姉も4年ほど前に他界。姉の夫は健在ですが、保証人などにもなりたくないと基本的に距離を置かれている関係です。それどころか、**飯田さんが住んでいる姉の残したマンションを早く売りたいと、勝手に荷物を捨てたりして追い出そうとする有様**でした。

飯田さんはたったひとりの支援者を失い、生活が破綻してしまいます。室内には悪臭も漂い、とてもひとりで生活できる状態ではありません。

そこで役所(いきいき支援センター)の担当者から私に依頼があり、老人ホーム探しに乗り出しました。

さいわい、姉が飯田さんのために600万円程のお金を残してくれていたことと、昔の労災見舞金と年金で毎月25万円程の収入があることで、お金の面では不自由はありませんでした。

問題は、実際に施設を探したり、見学したり、身元保証会社とやり取りしてくれたりする身内がいないことです。役所や業者に動いてもらわないといけないので、手間もお金もかかります。飯田さんは身元保証会社に150万円、老人ホームへ150万円＋月々15万円程度のお金を工面することができましたが、そう簡単にいかない人も少なくないでしょう。

飯田さん本人はいつ死んでもいいと考えているようです。**預貯金などの財産があるので別れた子どもに譲りたい意向があるそうですが、子どもの所在はわかりません。**役所の方が探すと言っていましたが、意向どおりになるかどうかは不明です。

生活保護への切り替えでなんとか老人ホームに

70代の常田さん（仮名）は要介護1、認知症を患っている女性です。過去に離婚しており、40代の息子がひとりいます。

息子さんは居酒屋のバイトで生計を成り立たせており、収入が多いとはいえません。加えて近く結婚の予定もあり、母である常田さんにお金を使う余裕がありません。

常田さんは年金が月に7万5000円程度ありますが、中度の認知症で徘徊を繰り返し、何度も警察のお世話になっていました。それに**息子さんは介護に消極的で、お金に余裕もないため在宅の介護サービスも受けていませんでした。**

このままひとり暮らしは無理とのことで、役所（いきいき支援センター）から私に施設探しの相談がきます。

しかし月に7万5000円の年金だけで入居できる施設はなく、施設探しは難航しました。息子さんからの援助も期待できません。そこで、**老人ホームに入居と同時に生活保護に切り替えるように、役所と相談して進めていきました。**

常田さんは運よく生活保護OKの老人ホームに空きがあったため、生活保護に切り替えての入居が実現できました。しかし昨今は生活保護を受けることも簡単ではなく、金銭的な問題で老人ホームに入れない現実があります。老人ホームに入るには、要介護度などの状況によりますが、最低でも月に12万円程度が必要です。**利用料の安い老人ホームは基本的に空きが少なく、要介護度が軽く月々の料金も安い施設となると、見つけるのはかなり難しいでしょう。**

あなたに介護が必要になったら？

ここまで紹介した事例は、いずれも「ひとり暮らしが難しくなってから否応なく施設を探し始めた」ケースです。事例のように最終的にはどうにかなることもありますが、どうにもならないこともあります。自分で判断や手続きができる状態なら、そのリスクも回避できるはずです。

自分は大丈夫。今日が大丈夫だから明日も、今年が大丈夫だから来年もなんとかなる。つい、そう思ってしまいがちです。しかし現実には**長生きすればするほど、誰にも頼らないで生きるのは難しくなります。**あなたも私も確実に身体は衰えていくのです。

介護が必要になったおひとりさまは、これまでのように何もかもひとりでこなしていくことはできません。人に頼って生きていくことを覚えなければならないのです。

85歳以上の約6割が要介護になる

いわゆる介護保険で要介護認定された人の割合を調べると、80～84歳で25・8％、85歳以上では59・8％にのぼります。つまり、**85歳以上まで長生きした場合は、約6割の人は介護が必要な身体になってしまうのです。**

しかし、介護が必要になる、つまり介護保険で要介護認定されるといっても、要介護1から要介護5までの段階があって、その度合は大きく異なります。

80歳を超えると要介護者が急増
（年代別人口に占める要支援・要介護認定者の割合）

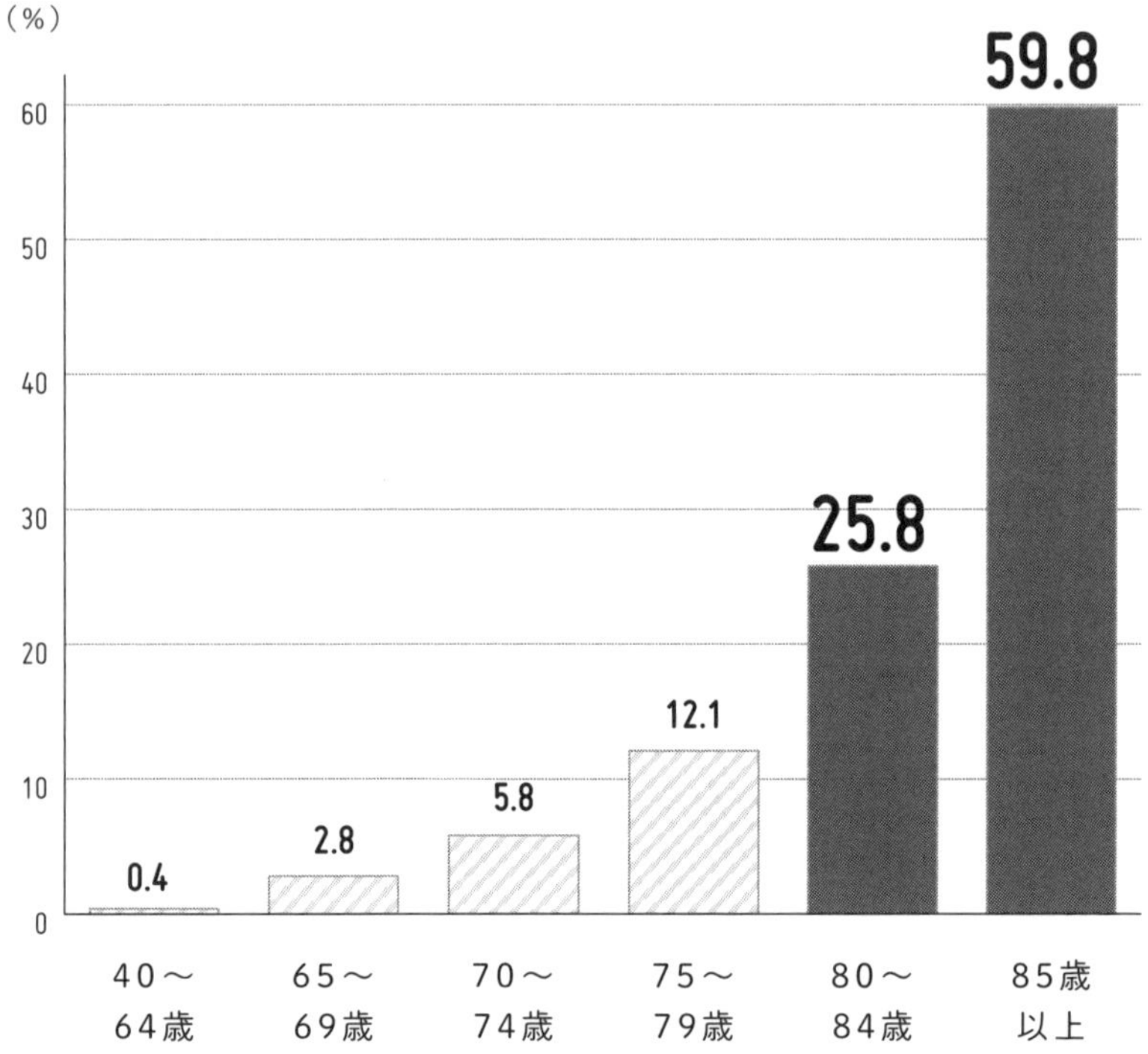

出典：介護や支援が必要な人の割合はどれくらい？「リスクに備えるための生活設計 ひと目でわかる生活設計情報」公益財団法人　生命保険文化センター

寝たきりで食事や排泄や入浴のすべてに人手が必要な人と、食事や排泄はひとりでできるけれども、食べたことを忘れてしまったり、薬を飲み忘れたりなど、ひとりでは生活できないという人とでは、介護のたいへんさが違います。

介護が必要になる前にキーパーソンを見つけておく

実際に介護を受けるようになると、いままではなんなくできていたちょっとしたことができなくなって、ストレスを感じるようになります。

たとえば握力がなくなればドアを開くのも難しくなりますし、早く移動できなければトイレにも間に合わないことが多くなります。指が動かなければ、パソコンやスマホを使ってメールやメッセージを送ることが困難になりますし、流暢にしゃべれなくなれば飲み会で人との仲を深めることにも支障が生じます。

すべてが同時にできなくなることはありませんが、「足が動きにくくなる」「手が動きにくくなる」「舌が動きにくくなる」「目が見えにくくなる」「耳が聞こえにくくなる」などの症状が起きた場合に、あなたの生活はどう変わるでしょうか？

そうなると**介護の助けを借りつつ、いかに快適に暮らしていくか**を考えなければなりません。同居人がいない**おひとりさまの場合、相談相手はケアマネジャーとキーパーソンです。**

ケアマネジャーは介護の専門家であり、ケアプランを作成して、あなたの介護生活をマネジメントしてくれる人です。ケアマネジャーの報酬も介護保険で支払うことになるのでそんなに心配はいりません。

おひとりさま同士でお互いにキーパーソンになる

キーパーソンとは、あなたに何かあった場合にまっさきにかけつけられる人で、あなたのこれからの生活についてケアマネジャーと一緒に考えてくれる最重要人物で

す。キーパーソンは自分で選ぶことができます。

もしあなたが結婚しているのであれば、通常は配偶者がキーパーソンになるでしょう。配偶者がすでに亡くなっていれば子どもたちのいずれかがキーパーソンになると思います。

では、**子どももいないおひとりさまの場合は誰をキーパーソンにするべきでしょうか。**

キーパーソンというのは、あなたにとって最も身近にいて、あなたのことをよく知っている存在です。

自分が倒れて病院に運ばれたときに、まっさきに連絡を取りたい人といえばイメージできるでしょうか。現実的には、親や上司になってしまうのかもしれません。それでもいいのですが、介護が必要な身体になったときに、その後のプライベートな生活を一緒に支えてくれそうな人、という視点で選んでみるのもよいでしょう。

自分よりも高齢で先に亡くなりそうな人は、老後のキーパーソンとして心もとない感じがあります。**同世代のおひとりさまの友人であれば、お互いにキーパーソンとなることで、支え合える関係が結べるかもしれません。**年下の友人であれば、さらに心強いでしょう。

そんな相手が見つからないという人は、キーパーソンになってくれそうな人に連絡して、食事などに誘いつつ老後や介護について話してみてください。話が合えば、お互いに病院への入院時の身元引受人や、介護が必要になったときのキーパーソンなどを頼めるかもしれません。

まずは病院に頼る

介護が必要になったとき、ぜひ相談してほしいのが病院です。

昔の病院は医療的な措置しかしないところが多かったのですが、現在では患者さんのＱＯＬ（クオリティ・オブ・ライフ＝生活の質）も治療に大きな影響を及ぼすことから、関係機関への紹介など様々な対応をしてくれることがあります。

退院後の生活に不安がある場合は、医師でも看護師でもかまわないので、入院中にそのことを相談してみてください。大きな病院の場合は、医師や看護師が対処できない悩みや相談について専門の窓口を設けています。そこにいるのが医療ソーシャルワーカーと呼ばれる相談援助職の人々です。

医療ソーシャルワーカーは、持病を持っている人や後遺症のある人の生活上の困りごとの相談に対応してくれます。入院しているおひとりさまは、だいたい同じような悩みを抱えているので、対処方法もノウハウもよく知っています。あなたが在宅で不便なく暮らしていけるように、あるいは在宅ではもう無理という場合は施設の紹介など、必要なサポートを一緒に考えてくれるでしょう。

介護にかかるお金

さて、実際に**介護サービスや施設を利用する際に、まず問題になるのがお金です。**

生命保険文化センターの「生命保険に関する全国実態調査」(令和3年度)によれば、在宅介護の費用は、**介護用の住宅改修や介護ベッドの購入などの一時的な費用の合計は平均で74万円、月々の費用は平均で8万3000円の負担になります。**また、介護期間は平均61・1か月(5年1か月)に及び、半数は4年以上となっています。

介護にお金がかかることは政府も承知していて、40歳以上の国民は全員が介護保険に加入し、毎月数千円の保険料を納めています。そこに税金などから公的資金がさらに投入され、介護保険の支払いの原資としているのです。

健康な人にとっては介護保険料も馬鹿にならない支出ですが、そこは保険として納得するしかありません。ちなみにこの介護保険料の納付は、65歳以上で年金生活者となっても続くものなので、老後の生活費の試算にも欠かせません。

この介護保険があったとしても、在宅介護を選択すると、前述のような金額がかかってしまいます。

また、要介護度が高く、ひとり暮らしが難しい場合は、施設への入居も検討しなければなりません。

施設というと、いわゆる老人ホーム（高齢者施設）を思い浮かべてしまいますが、いまは、食堂とナースステーションが併設されたホテルといった感じの居心地のよい施設もあります。

施設に絶対に必要なのは、見守りや介護を行う人材だけであとは食事や入浴や排泄の介助をどこまで行うかは、入居者それぞれの要介護度によって異なってくるからです。

主な高齢者施設には、次の5つがあります。

【特別養護老人ホーム（特養）】

昔からある公的福祉施設です。自己負担費用が少なく、**ひと月あたり10万円前後で入居できます。**初期費用はかかりません。ただし入居希望者が多く、全国の施設で順番待ちが起きていて、希望してもなかなか入居できないといわれています。そのため要介護度3以上の高齢者しか入居できず、**認知機能のしっかりした方や、自力で歩行できる方が入居を認められることはまずありません。**

【介護付き有料老人ホーム】

特別養護老人ホームが順番待ちになっているため、ニーズに合わせて作られたのが民間施設の介護付き有料老人ホームです。施設にはスタッフが常駐しており、常勤換算で入居者3名に対し1名以上のスタッフ配置が義務付けられています。介護サービスの利用料は月額利用料に含まれ、介護度別にほぼ一定です。

誰でも入居できますが、入居の際にまとまった一時金が必要な施設もあり、中には数百万円になるところもあります。月額利用料はサービスや設備、立地によってピンキリで、15万円程度～30万円程度と幅があります。検討するのであれば様々な施設を見学に行くとよいでしょう。

【住宅型有料老人ホーム】

また、**介護付きではない、住宅型有料老人ホームもあります。**近年さまざまな特徴の施設が増えて、要介護度の低い人を中心に運営している施設もあれば、要介護度4、5の寝たきりの人を中心にしている施設もあり、施設によって入居対象が大きく異なる場合があります。事前にどんな特徴を持っているかの確認が必要です。介護サービスは個々に外部の事業者と契約して利用するかたちになります。自宅で利用していたデイサービスや訪問看護を継続利用することも可能です。費用の相場は介護付き有料老人ホームと同程度でしょう。

【サービス付き高齢者向け住宅（サ高住）】

バリアフリーの賃貸住宅に「見守りサービス（安否確認）」と「生活相談サービス」を兼ね備えた住宅です。一般的なマンションに近く、自由に生活できるので、比較的介護度の低い方が多く利用しています。

費用の相場は、入居一時金（敷金）が10万円〜20万円程度、月額利用料が約15万円とされています。

老人ホームとは異なり、しっかりと介護士がついているわけではなく、午前9時から午後5時までは生活の悩みなどに相談できるスタッフが常駐しています。**ちょっとした作業であれば手伝ってくれることと、毎日の安否確認を行ってくれることが、通常の住宅との違いです。**自炊が面倒な方のために食堂が併設されていることもあります。部屋の清掃は自分でしなければなりませんが、ホテルに長期滞在するようなイメージです。

介護付きでないところがほとんどなので、介護サービスは外部の事業者と別途契約する必要があります。介護付きの住宅では毎月定額で介護サービスが受けられます。

住宅型有料老人ホームとの違いは、老人ホームが終身利用権を得る契約であるのに対して、サ高住は通常の賃貸借契約であることです。要介護度が高くなると別施設への転居をすすめられることがあります。

【グループホーム】

要支援2、または要介護1以上の認知症患者で、施設と同じ地域に住居・住民票がある人が入居できます。

認知症患者が日常生活の支援や機能訓練を受けながら生活する施設で、他の入居者との生活やリハビリ、レクリエーションを通じて認知症の改善や進行予防をめざします。

ここでは紹介しきれませんが、他にもケアハウスや老人保健施設などもあるので、実際に探す際には調べてみてください。また、前述した利用料などは目安でしかありません。本当に施設によってまちまちですから、必要な設備や環境、サービス内容と照らし合わせてよく検討する必要があります。

住み慣れた我が家を離れて施設に入居することを積極的に歓迎する人は少ないでしょう。実際、施設入居者の多くが、要介護度が高くなってからやむなく、家族の選んだ施設に入居しています。

一方で、**元気なうちに自分が入居したい施設を選んでおくなど、ポジティブに施設入居を選択する人もいます。**

テレビドラマ『半沢直樹』シリーズの頭取役などで有名な俳優の北大路欣也さんは、60代のうちに夫婦で有料老人ホームに入居したと女性誌で報じられています。奥様の足が悪く介護が必要になり、自分は仕事で家を空けることが多いため、介護スタッフが24時間常駐している有料老人ホームを選んだのでしょう。

介護保険を利用するまでの手続き

最初に必要なのが、おそらくは**介護保険の要介護認定の申請**です。介護保険には40歳以上の日本国民であれば全員が加入していますが、保険ですから利用には申請が必要です。

要介護認定は、介護保険のサービスを利用するための最初の手続きです。**要介護認定は、あなたが住んでいる市区町村が行います。**そこで基本的には市役所や区役所の窓口で申請を行うのですが、介護が必要な人は出歩くのが難しいですから、役所の窓口まで行けないということもあるでしょう。

そこで、**各地域には地域包括支援センターというものが作られていて、そこに連絡すれば役所への申請を代行してくれる**ことになっています。つまり、申請書の提出は、本人でなくても代理人が行うこともできるのです。

この地域包括支援センターは、要介護認定の申請だけでなく、地域住民の生活上の困りごとなどの相談に対応しているので、ぜひ積極的に利用してみてください。地域によっては、要介護認定がなくても利用できる介護サービスを提供していることもあります。

要介護・要支援の7段階

役所への申請の際には、名前や年齢はもちろん、病名や困っている症状、介護保険証の番号や主治医の名前など、いろいろなことを聞かれます。特に主治医の名前は必須です。というのも**介護保険の認定においては、主治医からの意見書が参考にされる**

からです。

主治医からの意見だけではなく、役所から調査員が訪問面接に来て、認知症や運動能力のテストを行います。その結果を持ち帰って判定が行われ、後日、介護認定判定の通知書が本人に送られてきます。

要介護認定は5段階ですが、要介護まではいかないけれども簡単な介護サービスを利用できる要支援が2段階あって、全部で7段階の制度となっています。概要は次のとおりです。

自　　立：日常生活をひとりで支障なく送ることができる。支援は不必要
要支援1：日常生活は基本的にひとりで送れるが、掃除など一部で見守りや手助けが必要
要支援2：日常生活は基本的にひとりで送れるが、見守りや手助けを必要とする場面が多い

要介護1：日常生活は基本的にひとりで送れるが、排泄や入浴に見守りや介助が必要
要介護2：ひとりで立ったり歩いたりが難しく、着替え、爪切りなどに介助が必要
要介護3：食事、着替え、排泄、歯磨きなど日常生活にほぼ全面的に介助が必要
要介護4：自力での移動ができないなど、介助がなければ日常生活を送ることができない
要介護5：コミュニケーションをとることが困難で、基本的に寝たきりの状態

2週間から1か月で介護サービスが利用可能に

介護認定通知が届いたら、ようやく介護保険を利用することができます。**申請から認定通知までにかかる時間は、地域や時期にもよりますが、たいてい2週間から1か月程度**です。

介護認定通知が来たら、利用したい介護サービスを選びます。最初は何があるのか

よくわかりませんから、地域包括支援センターで相談してみてください。ここには社会福祉士や保健師、ケアマネジャーなどの専門家がいて、あなたと一緒に考えてくれます。

その後、あなたのケアプランを作成するケアマネジャーを選任して、以降は何でもケアマネジャーに相談することができるようになります。

ちなみに**介護保険の利用には、健康保険と同様に自己負担があります。**基本的には1割負担ですが、65歳以上で所得が多い場合は2割、3割になる場合があります。

介護保険を利用できるようになったら行っておきたいのが、**バリアフリー化など自宅の介護リフォームと、車椅子や歩行器など福祉用具の購入・レンタル**です。

そのほか、介護保険で受けられる介護サービスは要介護度によって様々です。すべてを説明すると煩雑になりすぎるので、興味のある方は自分で調べてみてください。

第7章

死後の壁

どうせなら最期まで自分で決めたい

ここまで老後ひとり暮らしの壁を解説してきましたが、おそらく、いちばん目を向けたくないのが死後の壁でしょう。

自分が死んだ後のことは、どうだっていい。心からそう思える人にとっては、この章はあまり役に立たないかもしれません。でも、少しだけ考えてみてほしいこともあります。

これまでに数え切れないほど、遺品が遺された部屋や、死と向き合うおひとりさまを見てきました。突然に亡くなってしまい、遺された親族や友人が戸惑う姿。しっかり生きているうちに整理をつけて、ひとつの悔いもなく生きるおひとりさまの姿。

様々な生き方に触れる中で感じたのは、**自立して生きるというのは、上手に人に頼りながらも後始末まで決めておくことなのではないか**、ということです。私も正直、自分がいなくなった後のことなんて、想像もつかないし、なるようになると思っていました。しかしいまは、**生きているうちに自分で決めるかどうかで、人生の納得感や幸福度が大きく変わる**と考えています。

死後の壁として主に考えておきたいことは次の3つです。気がかりなところだけでも読んでみてください。「そういえば」と思うところがあるかもしれません。

・孤独死を防ぐ
・遺された人に迷惑をかけない
・納得のいくかたちで財産を遺す

孤独死を防ぐ

以前、ネットのニュースで次のような記事を読みました。

Sさんは50代の独身男性で、X（旧ツイッター）などのSNSでアイドルの話題を発信していました。

しかし、**2023年1月初旬に突然、投稿が途絶えます。**

かねてから体調不良を訴えていたこともあり、**SNSでつながっていた友人たちは不安になりました。**その友人のひとりであるTさんが、Sさんの本名や住所を探り当てて自宅を訪ねると、隣人から救急搬送されて戻っていないことを聞きました。

結局その後の消息はわかりません。**管理会社や自治体に問い合わせても、個人情報保護を理由に教えることができない**というのです。

「友人の生死すらわからない。いったい、どうすれば？」

困ったTさんは専門家からアドバイスを受けます。

「もしSさんから遺産を譲ってもらう約束をしていたのであれば、利害関係者になるので情報請求できます」

Tさんは、Sさんから「死んだらアイドルの写真をあげる」と言われていたことを思い出します。これを専門用語で「死因贈与」と呼びます。「死因贈与」の約束は、口頭でも有効です。

こうしたTさんのがんばりもあって、Sさんが救急搬送されて亡くなっていたことが突き止められました。そして、**ようやく友人の死を悼むことができたのです。**

誰にも見つけてもらえないリスク

この記事のSさんは緊急搬送されたのちに亡くなったようです。しかしひとり暮らしの場合は、誰にも助けを求めることができず、そのまま自宅で亡くなってしまうケースもあります。それだけでなく、第1章で触れたように、発見が遅れてご遺体が傷んでしまうリスクもあります。

遺品整理の仕事では、孤独死された方の部屋を幾度となく片付けに行きました。**故人が苦しんだような痕跡を見たり、ご遺体によって汚損されてしまった部屋の特殊清掃に入ったりするときは、いつだって胸が痛みます。**

腐敗したご遺体は、遺族の心を傷つけますし、部屋を貸してくれている大家さんも傷つけます。汚損した部屋の原状回復費用をめぐって、遺族と大家さんとで争いになることもあります。

私は、できれば孤独死は防ぎたいし、ひとりで死を迎えたとしても、なるべく早く誰かに連絡して、あとを濁すことのないように準備しておきたいと思います。

Sさんには SNSで異変を察知してくれる友人Tさんがいて、がんばって調べてくれて、きちんと弔ってくれました。

こうしたつながりは非常に大切です。

あなたが亡くなったときに、公式に連絡が行くのは親族だけです。しかし「遠くの親戚より近くの他人」という言葉があるように、**もしかすると現在のあなたのことをよく知っていて、本気で心配してくれるのは血のつながっていない友人のほうかもしれません。**

友人とお互いを見守る仕組みを作る

もしそのような友人がいるのなら、お互い定期的に連絡を取るようにしておきましょう。できれば毎日です。手段はなんでも構いません。電話でもいいし、メールに慣れていればメールでもいいし、ＳＮＳやＬＩＮＥが使えるなら、ぜひ活用してください。

「おはよう」「おやすみ」だけのやり取りだけでもいいと思います。**大事なのはお互いが変わりなく生きているとわかることです。**

そして、このようなことを頼んでみるのはいかがでしょうか。

「もし24時間以内に折り返しの連絡がなかったら、部屋の様子を確認してほしい」

近くに住んでいるなら、あらかじめ合鍵を渡しておくのもいいかもしれません。あるいは賃貸であれば、管理会社の連絡先を伝えておいてもいいでしょう。なんらかの形で、万が一の場合にも放置されないようにしておくのです。

なんだか面倒そうで頼みづらいと思うかもしれませんが、おひとりさま同士であれば、突然死のリスクはお互いさまです。お互いに連絡が途絶えたら相手の様子を見に行くという約束であれば、引き受けてくれる人も少なくないと思います。

命を守る意味でも、おひとりさまにとって細かな連絡は大切です。

突然死に至るリスクのある心筋梗塞や脳梗塞や脳出血などは、異常が起きたときに発見が早いほど助かる可能性が高くなります。

おそらく、誰かと同居していればすぐに救急車を呼んで助かったのに、ひとり暮らしであったために命を落としたケースもあると思います。

1分1秒を争うときにベストなのは、やはり誰かとの同居です。それが難しいおひとりさまは、親しい友人、知人となるべく近くに住むか、施設への入居を検討してみてもいいでしょう。

「見守り」は悪くないけど、「監視」はイヤ

象印マホービン株式会社が、電気ポットで安否確認できる「みまもりホットライン」サービスを提供してからはや20年以上になります。

電気ポットを使う人のほとんどが、毎朝電源を入れて、夜寝る前に電源を切るそうです。その「電源を入れた、切った」という利用情報を、離れて暮らす家族などに伝えることで、**おひとりさまの安否をさりげなく共有することができます**。

いまではどんどん技術が進歩して、スマホの位置情報などを使えば、いつ、誰が、どこにいるのかをチェックすることは難しくありません。やろうと思えば、カメラで

部屋の様子をずっと写すこともできてしまいます。

難しいのはプライバシーとの兼ね合いです。電気ポットのオン・オフ程度ならいいかもしれません。でも**外出する時間や行き先などまで誰かに筒抜けの状態は、まるで監視されているようで、かなりストレスになると思います。**おひとりさまの中には、誰にも干渉されないことに価値を感じている人もいますから、なおさらイヤでたまらないでしょう。

生活に干渉しない見守りサービス

私も孤独死の現場に何度も遭遇している立場から、おひとりさまの孤独死を防止できないかと見守りサービスのスマホアプリを開発しました。

どうしたら「監視」にならず「見守り」にとどめられるだろうか？　そう考えて、プライバシー保護の観点からあえてスマホの位置情報を利用せず、**スマホのジャイロ**

センサー（回転や傾き、向きの変化などを感知するもの）の情報だけで異常を感知することにしました。

たとえば24時間、36時間あるいは48時間にわたってスマホがまったく動かなかったら、私の会社へ通知がきて本人もしくはあらかじめ登録しておいた緊急連絡先に連絡を取るシステムです。

普段スマホを使う人が1日スマホを触らないとか、持ち歩かないということは、ほぼないと思いますから、手軽に異常を検知する仕組みとしては十分だと思います。

そのほか、エンディングノートに記入するような情報もアプリ内に記録しておくことで、アプリを使っている本人に何かあったときにはすぐに身元が知れて、誰に連絡したらよいかがわかるようになっています。

アプリなどの手軽な見守りサービスや商品には様々なものがありますので、興味のある人はアプリで「もし活」と調べてみてください。

遺された人に迷惑をかけない

人が亡くなったときにいちばん困るのが、死後の手続きです。
たとえば、こんなシチュエーションを考えてみましょう。

ある人が70歳で孤独死しました。自宅で眠っているときに安らかに亡くなったのです。枕元では飼っていた猫が主人を起こそうとして鳴いています。

さいわい発見されたのは2日後でした。宅配弁当の配達人が、前日の弁当がそのまま置かれていることに気づいて、緊急連絡先に指定されていたケアマネジャーさんに連絡してくれたのです。警察と大家さんが呼ばれて、鍵が開けられ、ご遺体は発見されました。

ご遺体は警察の検視に回されましたが、検視が終われば部屋に戻されます。大家さんは考えます。**誰かに葬儀や部屋の片付けを取り仕切ってもらわないといけない**。そこで契約時の保証人になっていた故人の親に連絡します。

ところが親はすでに亡くなっていました。故人に子どもはありません。

ようやく連絡がついた親族は兄です。ところが兄も高齢で認知症を患っており、もろもろの窓口は兄の長男、つまり故人の甥が行うことに。叔父にあたる故人とはそれほど近い関係ではなく、最後に会ったのはもう20年も前、祖父の葬式だそうです。

遺族にのしかかる膨大な手続き

しばらく会っていなかったとはいえ、子どもの頃はよく遊んでもらった叔父さんです。自分が引き取って弔うしかありません。急遽、仕事を休むことにした彼は、とに

こんなにある！　死後の手続き

やること	窓口
●亡くなったらすぐにやること	
死亡診断書（死体検案書）の受け取り	病院
葬儀社の手配	葬儀社など
遺体の受け取り	病院、警察署など
●葬儀までにやること	
死亡届の提出、埋葬許可の申請	役所
通夜、葬儀、告別式	葬儀社など
●10〜14日以内にやること	
世帯主変更の届出	役所
健康保険資格喪失の届出	役所または加入保険事務所
介護保険被保険者証の返納	役所
年金支給停止の手続き	年金事務所または年金相談センター
●葬儀後、落ち着いたらすみやかにやること	
電気・ガス・水道の名義変更または解約	公共料金各社
NHK放送受信契約の解約	NHK
固定電話・携帯電話の名義変更または解約	通信各社
インターネットプロバイダー契約の 名義変更または解約	通信各社
クレジットカードの解約	カード会社
運転免許証の返納	警察署
マイナンバーの返却	役所
パスポートの返却	都道府県のパスポートセンター
自動車保険の解約	加入保険会社
サブスクリプション契約、 定期購買契約の解約	各会社
所得税の準確定申告と納付	税務署
●10か月以内にやること	
遺産分割協議書の作成	
相続税の申告と納付	税務署
銀行口座の名義変更（相続）または解約	銀行
不動産の名義変更（相続）	法務局
自動車の名義変更（相続）	陸運支局

かくインターネットで検索して、やるべきことをリストアップしました。

甥はやることの多さに愕然とします。しかも、死後7日以内に死亡届を出さなければならないなど、期限も決まっています。葬儀を頼もうにも、どこの葬儀社に話をすればいいのかさえ、よくわかりません。疑問はどんどん湧いてきます。叔父さんの友達に連絡したほうがいいのだろうが、**どこかに連絡先はまとまっているのだろうか。葬儀代はいくらが適切なのだろうか。**

とにかく目の前のことから片付けていってようやく葬儀を終えたところで、**今度は役所や年金の手続きが必要になります。**甥にも仕事があるので、働きながらなんとか調整するしかありません。

ところが遺産を整理していると、思いがけない額の相続財産があることがわかりました。相続人は故人の兄、つまり甥の父親です。**相続するにしても、相続税を納める現金が間に合いません。**そんな相続問題に直面する一方で、叔父さんが契約していた定期サービスが複数あることに気がつきます。しかも、いったい何に加入しているのかも、契約時のＩＤもパスワードも、まったくわかりません。このままでは**滞納した利用料金を払わなければいけなくなるリスクも考えられます。**

「適当にやってくれ」は遺族を困らせる

いかがでしょうか？　前述したのはかんたんなシミュレーションですが、**死後の手続きはそうかんたんに済まない**のです。

「あなたが亡くなった後のことを考えてみましょう」というと、「簡単だよ。葬儀なんかいらないから、灰にしてそのへんに撒いてくれればいい」という方がいるのですが、散骨もそんなに簡単ではありません。

まず、**おひとりさまの場合、誰が灰にするのかという問題があります。**人間の身体は水分を大量に含んでいますし、骨まできれいに燃やして灰にするためには専用の焼却炉が必要です。

灰にするのにもお金がかかりますし、誰がその手続きをするのかという問題も残ります。また、**散骨は法律違反ではないのですが、自治体によっては散骨できる場所を条例で規制している**ことがあるので、散骨したい場所の自治体への確認も必要です。

ですから、葬儀やお墓はいらないといっても、それなりに手間とお金がかかるものなので、それをやってくれる方への事前の依頼とお礼が必要になります。

また住んでいた部屋、衣服や靴や電化製品や趣味のコレクションなど、残された遺品の片付けもあります。「ぜんぶ捨てていい」と言っても、**遺品も大量になると、捨てるのにもお金がかかる**のです。住んでいたのが賃貸物件であれば契約している不動産屋への連絡も必要ですし、役所にも死亡届を出す必要があります。

おひとりさまの場合、それを誰にやってもらうかを事前に考えておく必要があります。死んでしまったらもう「自分にできることは何もない」状態になります。**これまで独立独歩で生きてきたおひとりさまも、老後から死後にかけては、必ず他人の助けを必要とする**のですから、死後に他人に迷惑をかけないように、あらかじめ準備して、必要であれば死後の手続きや片付けを適当な人に依頼しておき、できればその人へのお礼や報酬も残しておきましょう。

エンディングノートを作っておく

遺族に迷惑をかけないために、誰でもいますぐ実行できるのは、情報の整理です。あなたの死後に、**事務手続きをする方が必要とするであろう情報を整理しておきましょう。**いわゆるエンディングノートと呼ばれているものです。

市販のエンディングノートもありますが、**わざわざ買わなくても、以下の情報をノー**

トにまとめておくだけでOKです。「もし活」アプリを使用していれば、その中にある項目を入力するだけでも十分でしょう。

・名前や生年月日や住所や電話番号や勤務先や経歴や本籍地など自分の基本情報
・かかりつけの病院や常用している薬や既往歴やアレルギーや血液型などの注意点
・入院時の身元引受人の連絡先
・入院時の連帯保証人の連絡先
・重病になったときに病名や余命を告知してほしいかどうか
・これ以上治療してもよくならないときに延命措置をしてほしいかどうか
・認知症になったときの後見人の連絡先
・死後の事務を委任したい人の連絡先
・家族・親族の連絡先と住所（少なくとも法定相続人の範囲までは書く）
・自分が亡くなったときに連絡してほしい友人・知人の一覧

・マイナンバーカードの番号
・健康保険証の番号
・運転免許証の番号
・パスポートの番号
・銀行口座の番号
・証券口座の番号
・電子マネーのアカウント
・ポイントカードのアカウント
・クレジットカードの番号
・その他金融資産の番号
・所有不動産の住所と火災保険など
・ローンなどの負債
・貸しているお金などその他の資産

・加入している公的保険と民間保険
・加入している公的年金と私的年金
・加入しているサブスク、定額サービス
・よく使用しているウェブサービスのＩＤ
・換金できるコレクションなど価値のあるお宝と形見分け
・家財道具、パソコン、スマートフォンなどの処分方法
・ペットの登録番号やかかりつけの動物病院や加入している保険など
・葬儀やお墓などの希望
・遺産相続について（遺言書の保管場所）
・葬儀会社や遺品整理業者、墓地、弁護士・司法書士などと生前契約があるか
・死後に臓器提供をするかどうか
・医学生の実習や実験のために献体するかどうか
・遺影に使ってほしい写真

・その他なんでも知っておいてほしいこと

せっかくエンディングノートを作っても、見つけてもらえなければ役にたちません。エンディングノートは貴重品を入れる引き出しのいちばん上など、**目に付きやすいところにしまっておきましょう。**

専門家に死後の事務をお願いすることもできる

先ほど見たように、人間が死んだ後の手続きや事務処理はけっこう膨大なものになるので、おいそれと他人には頼めません。子どもや孫といった直系相続人がいない場合、誰に頼んだらいいか迷ってしまうことでしょう。

そこで登場するのが死後事務委任契約です。

死後事務委任契約は、あなたの死後の手続きを生前に誰かに頼んでおく契約です。

身寄りのいないおひとりさまには最適です。

死後事務委任契約をあなたと結んだ人（受任者）は、病院への入院時には緊急連絡先（身元引受人）となり、**あなたが亡くなったときの第一報を受け取ることになります。**

その後、遺体の引き取り、葬儀業者への連絡、親族への連絡、葬儀と火葬への立会い、お骨の預かり、納骨（遺体処分）、遺品整理、役所への手続き、入院費・施設費の精算などの事務処理を、あなたの生前の希望に沿って代行します。

死後事務委任契約は、任意の契約なので誰とでも結ぶことができますが、それなりに膨大で細かい作業になるので、**弁護士などの専門家に頼むのが安心です。**任意後見契約を結んでいるのであれば、その後見人に頼むのもいいかもしれません。任意後見契約はあなたが亡くなるまでの契約なので、亡くなった後は何もできないからです。

たいへん便利な死後事務委任契約ですが、委任できない手続きもあります。

それは相続財産に関する手続きです。**相続財産に関する手続きは、相続人のみ行うことができるため、委任できません。**入院費・施設費・電気・ガス・水道・インターネットなどの料金の精算や支払いは死後事務委任契約の代理人でも行えます。

納得のいくかたちで財産を遺す

相続で問題が起きるというと、ドラマなどでよくある、資産家の莫大な遺産の奪い合いのようなものを想像するかもしれません。しかし実際は、**ごく普通の家庭でも相続トラブルは起こります。**

平成29年度の司法統計のデータによると、遺産分割事件のうち32・1％は資産1000万円以下です。

娘には一切相続させないという女性

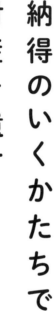

普通の家庭でも争族は起きる!

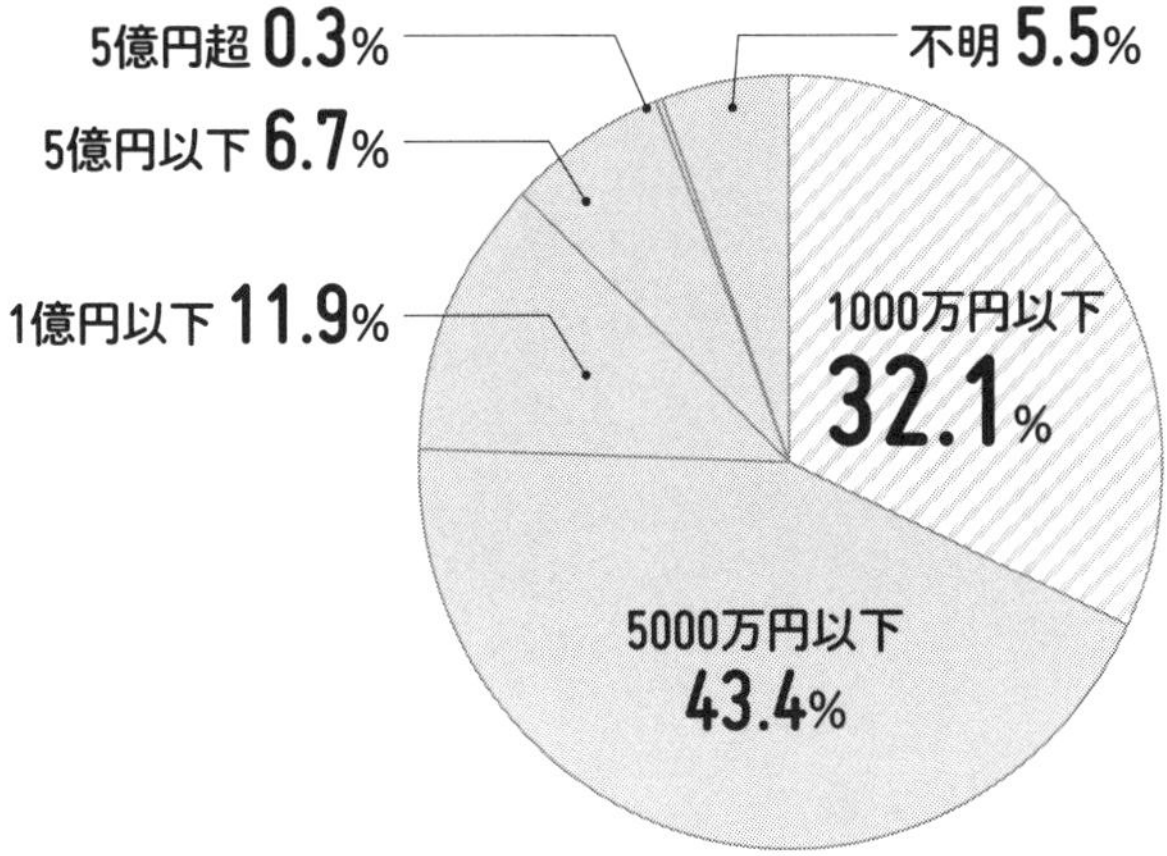

出典:平成29年度、司法統計(最高裁判所)のデータをもとに作成

森戸法律事務所によれば、相続は本当にいろいろな問題が起きるそうです。

ひとつ事例を挙げましょう。

配偶者と死別して、ひとり娘はすでに巣立っているというおひとりさまの高齢女性がいます。この方の場合、配偶者がないため、ひとり娘のみが法定相続人となります。子どもがいる場合、両親や兄弟姉妹は法定相続人にならないためです。

しかし、この方は娘とはあまり仲が良くないようで、交流がほとんどありません。そのため、**娘にだけは絶対に相続させたくない**とおっしゃるのです。

そこで本人の希望で、世話をしてくれている方々にすべての財産を譲るという遺言書を作成しました。しかし、ここには問題がひとつあります。

実は、**第2順位までの法定相続人には遺留分というものがあって、遺言書で他の人に遺産を相続させることになっていても、遺留分の割合だけは請求すればもらうことができる**のです。

この事例の場合、娘さんの遺留分割合は50％です。本来、遺言書がなければ100％の相続になるのですが、**遺言書でわざわざ他の人への相続が指定された場合でも、娘さんは遺産の50％の取り分を持っている**のです。これは法律で決められているので、**娘さんが遺留分の相続を主張してきた場合には否認することはできません。**

そこで、遺言書の作成にあたっても、法律で決められているのですから半分は娘さんへの相続にしておきませんかと相談したのですが、頑として受け付けてくれませんでした。

そこでクライアントの希望どおりに娘さんの取り分をゼロとした遺言書を作成したのですが、実際にその方が亡くなったときに、この遺言書の内容が発表されたら、娘さんもショックでしょうし、たいへん揉めるのではないかと想像しています。

不動産をめぐって争う長男と次男

もうひとつの事例を紹介しましょう。

高田さん（仮名）は2人の息子がいる90代の男性です。息子たちはすでに結婚して家を出ていて、奥さんも亡くなっていてひとり暮らしをしています。

高田さんは1月に軽い認知症が発覚して、施設に入居することになりました。その後8月には、実家を取り壊して二世帯住宅に建て替え、長男夫婦が一緒に住むという話が出ます。その際に不動産屋からの助言で、**土地の名義を長男に書き換えました。**

これは生前贈与というかたちになります。

ところが実際に家を取り壊す前の9月に、高田さんが施設で誤嚥性肺炎にかかって、亡くなってしまいました。

高田さんの資産は自宅の不動産が大半でしたが、それはすでに生前贈与で長男のものになっています。亡くなる直前の生前贈与は相続財産の計算に入るのですが、すでに長男のものになっているので、あらためて分割はできません。

本来であれば長男と次男で半分ずつになるはずだった相続が、長男のほうが多く相続することになって、次男のほうは遺留分の4分の1程度しかもらえなくなったわけです。

これで納得する人もいるのですが、このケースでは**次男が裁判を起こしました。**8月の贈与というのは、すでに高田さんが認知症で判断能力を喪失しているので無効であり、不動産を売却して半分ずつの相続にするべきだと主張したのです。

このようなことになる前に、つまり認知症と診断される前に遺言書を作っておけば、問題なく長男に不動産を相続させられたのではないかと思います。

孤独死した部屋の相続放棄

最後に相続放棄の事例も紹介しておきます。

賃貸アパートの2階で**おひとりさまが孤独死して何週間も発見されず、1階の天井まで体液で汚損してしまった事例**です。大家さんが、保証人になっている故人の姉に連絡をして、その方が私のところに遺品整理と原状回復をご依頼されました。

ところがやはり建物の損壊が大きくて、見積もりを出した時点でお姉さんがびっくりして、**相続放棄したいと言い出したのです。**

しかしそうなると大家さんが困ってしまいます。

話し合いが持たれて、**相続放棄をしても保証人の責務までは放棄できない**ということになり、最終的にはお姉さんが費用を持ってくれたのですが、このような事例はよくあることなので、毎回どうなるかとひやひやします。

ちなみに相続放棄をすると一切の遺品を受け取れなくなるのですが、お金にはならないけれども形見としてもらいたいものがあるという場合は、相続放棄ではなく限定承認という方法もあります。

限定承認とは、プラスの遺産とマイナスの遺産を相殺できる範囲で両方を相続し、それ以上の負債は引き継がないという方法です。限定承認を行えば、多額の負債を引き受けることなく、遺産相続ができます。この限定承認も、相続放棄と同じく、死亡を知った日から3か月以内に申し立てを行う必要があるので注意してください。

あなたの財産は誰に相続されるのか

ここで法定相続人について説明します。

誰に相続させるかは遺言によって指定できますが、遺言書がなかったり、遺言書に指定のない遺産があったりした場合には、民法で定められた「法定相続人」が自動的に相続人になります。

法定相続人は亡くなった人の親族しかなることができません。そのため、**親族以外に遺産を相続させたい場合には、遺言書の作成が必須**となります。

また、法定相続人には優先順位があります。

あなたに配偶者や子どもがいる場合には、その人たち全員が法定相続人になります。

もし子どもが死亡している場合は、代わりに孫が代襲相続人になります。

というわけで法定相続人は、まず配偶者と子どもなのですが、おひとりさまの場合にはそのどちらもいないこともあるでしょう。

配偶者も子どももいない場合は、健在である親あるいは祖父母が相続人になります。

さらに親も祖父母もいない場合となると、今度は兄弟姉妹が相続人となり、亡くなっていれば甥や姪が代襲相続人になります。

ややわかりにくいのですが、図式にすると次のようになります。

配偶者は常に相続人となり、次の順位の人がいれば配偶者とともに相続人になる。

第1順位：直系卑属（子ども。亡くなっている場合は孫、ひ孫など）

第2順位：直系尊属（父母。亡くなっている場合は祖父母、曾祖父母など）

第3順位：兄弟姉妹（亡くなっている場合には甥や姪）

つまりどんなに親しくしていても、**義父母、義理の兄弟姉妹、いとこ、叔父さん、叔母さんなどは法定相続人にはならず、遺言書で指定されない限り相続分はありません。**

ただし、被相続人の生前に介護や看護に尽力した親族は、要件を満たせば特別寄与料を相続人に請求できます。

法定相続人がひとりもいなかったら？

また法定相続人がひとりもいないときには、**同居していた内縁の配偶者など、被相続人と特別に親しくしていた人は、特別縁故者として遺産を相続できるようになりました。**たとえば日常的に世話をしてきた内縁の妻などがいるなら、家庭裁判所に認められることで特別縁故者として相続できます。

では遺言書もなく、法定相続人もなく、特別縁故者もない場合、あなたの遺産はどうなるのでしょうか？　その場合は、国のものになってしまいます。たとえ親戚が請求しても、よほど親しくしていないと相続は認められません。

遺産の相続人がいなかったなどの理由で**国庫に入れられた財産額は、2021年度は約647億円と過去最高**になりました。2001年度は約107億円だったので、

法定相続人と順位

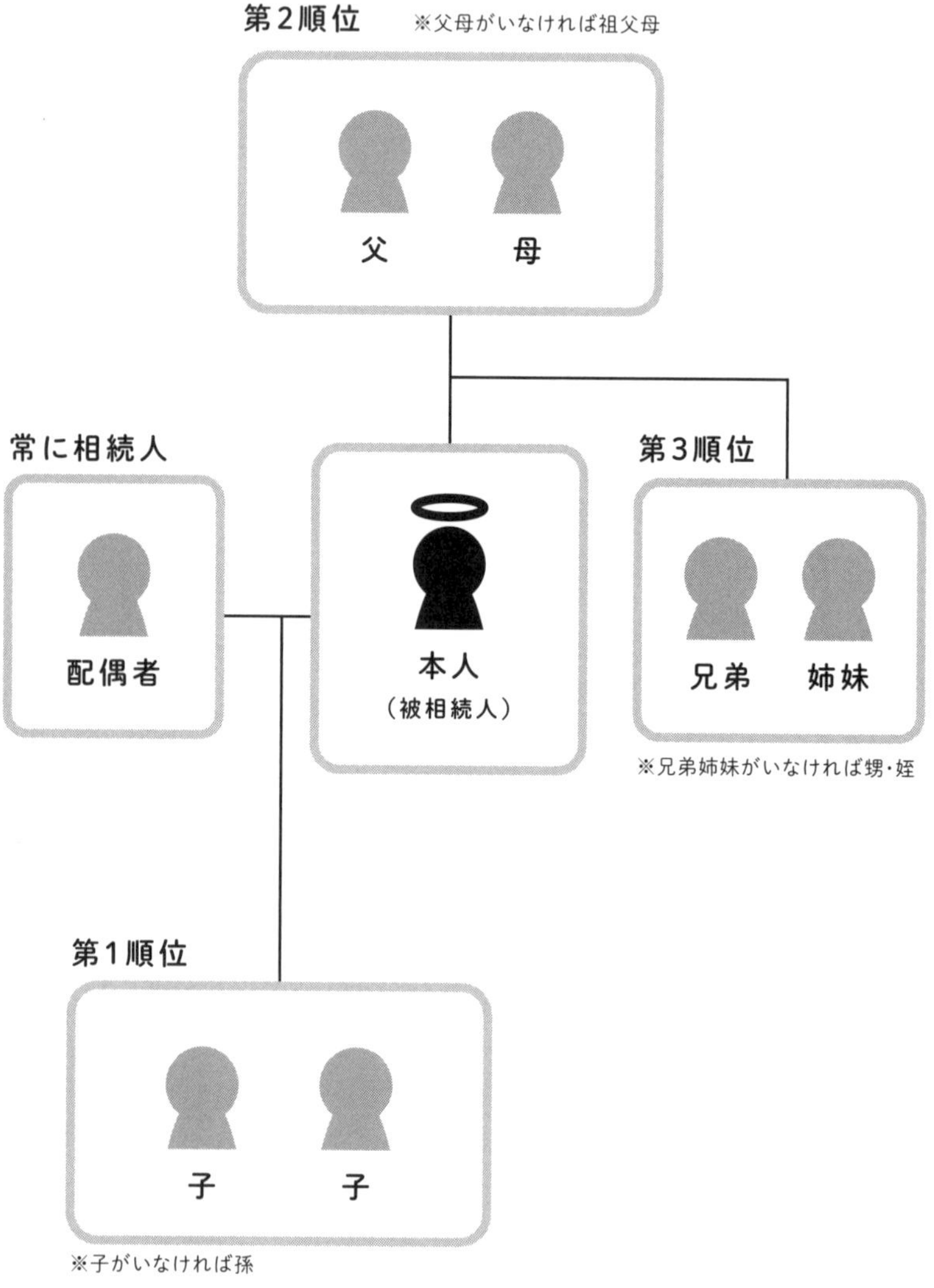
第2順位
※父母がいなければ祖父母
父
母
常に相続人
配偶者
本人
（被相続人）
第3順位
兄弟
姉妹
※兄弟姉妹がいなければ甥・姪
第1順位
子
子
※子がいなければ孫

20年間で6倍になった計算になります。それだけ、現在の日本では**おひとりさまや身元不明人が増えている**のです。

いかがでしょうか？　もし生前にお世話になった人に少しでも遺産をあげたいと考えるのであれば、ぜひ遺言書を作成して、その旨を記載しておいてください。

負の遺産をうっかり相続させないために

また、自分は財産など残さないという方もいるかもしれませんが、人がいつ亡くなるかがわからない以上、必ず遺産はあります。そして、少額でもプラスの遺産であればよいのですが、人によっては借金などマイナスの遺産になることがあります。

遺産がマイナスの場合には、相続人は相続放棄をすることで、負債などを引き継がずに済みます。しかし、まれに起こる悲劇なのですが、**借金があることを知らずに相**

続をしてしまい、その後に負債が発覚することがあります。人は借金などのネガティブな情報は隠そうとしますから、わからないのも無理はありません。

相続放棄の申し立ては、被相続人の死亡を知った日から3か月以内に行わねばなりません。残された人に迷惑をかけないためにも、遺言書を作って、財産や負債をつまびらかにしつつ、よりよい相手に相続させるのが幸せな結末になると思います。また、相続させたい相手には生前からそのことを告げておくとよいでしょう。特に法定相続人以外の人に相続させたいときには、しっかりと相手に告げておかないと、法定相続人によって遺言書がにぎりつぶされることなどもあるからです。

実際に効力のある遺言書の作り方

遺言書は法的文書なので、日付や氏名を自筆で書くとか、押印をするなどの一定のルールがあります。このルールにのっとっていない遺言書はただのお願いと同じことになってしまうので注意してください。

遺言書には3つの種類がある

遺言書は大きく分けると**「自筆証書遺言」「公正証書遺言」「秘密証書遺言」**の3種類があります。

【自筆証書遺言】

最も一般的な遺言書です。**いつでも自分で好きなように書くことができて、費用もかかりません。**

簡単に作成できるのですが、弱点もあります。それは、保管場所をきちんと誰にでもわかるようにしておかないと、発見されないことです。遺産分割の話し合いが終わった後に見つかって揉めたり、あるいは発見した人にとって都合が悪いことが書かれている場合に、**こっそりと処分されたりする危険があります。**

そこで**自筆証書遺言保管制度**というものがあります。これは法務局に自筆証書遺言を預けておいて、相続人にはそれを周知しておき、死後に法務局から取り寄せて閲覧してもらうものです。**この保管制度を使えば、隠滅や改ざんのリスクはほぼなくなります。**相続人の誰かが閲覧の申請をしたときには、他の相続人にも通知が届きますし、原本は常に法務局に保管されているからです。

自筆証書遺言が法務局に預けられていなくて、自宅などで見つかった場合には、偽造や改ざんを防止するために、家庭裁判所での検認手続きが必要になります。検認手続きは遺言書の存在と内容を相続人に明確にするためのもので、遺言の有効性までは判断しません。

2020年には、法定相続人ではない親族からの依頼で、依頼人が相続できるように弁護士が遺言書を偽造したという事件が起きました。依頼人が故人に可愛がられていて、何らかの遺産分与を約束されていたのですが、正式な遺言書がなかったので偽造したそうです。たとえ約束が事実であっても、遺言書の偽造は法律違反です。

そのほか、自筆証書遺言はひとりで書くことが多いので、**書式に不備があって法的効力を持たなかったり、書き方があいまいで読む人によって解釈が分かれたり、誤字脱字があったり**など、場合によっては「遺言無効確認」の裁判が起きたりします。

【公正証書遺言】

そのような事態を防ぐために、もっと正式に作成されるのが「公正証書遺言」です。公証役場で、本人の口述をもとに公証人が正式な書式にのっとって筆記します。

2人以上の証人が必要で、本人確認も行っていて、原本が公証役場に保管されるので、**無効にされるおそれはほとんどありません。**

ただし、**作成には時間も費用もかかるうえ、証人にも内容が明かされるので、自分ひとりだけの秘密にはできません。**それでも安全確実な方法なので、富裕層には人気で、日本では毎年10万件の公正証書遺言が作成されています。

【秘密証書遺言】

自筆証書遺言と公正証書遺言の中間にあたるのが、「秘密証書遺言」です。これは自筆証書遺言を自分で作成したうえで、内容は秘密のまま、公証役場で公証人に遺言書が存在することだけを証明してもらうものです。

この場合、公証人は内容にはノータッチなので、**自筆証書遺言と同様に書式に不備があるリスクが残ります。**また、遺言書の存在だけは証明されますが、実際の保管は公証役場ではなく自宅などになるため、**偽造や改ざんの危険性もあります。**公証役場での費用もかかるので、秘密証書遺言は現在のところあまり使われていません。自筆証書遺言を作成する場合は、法務局に預かってもらう保管制度の信頼性がより高いといえるでしょう。

遺言がきちんと執行されるようにしておく

遺産相続において、法定相続人は利害関係者になるので、公平な裁定者になるのは難しいです。そこで**遺言執行者を別に作っておくと安心できます。**

公正証書遺言で証人が必要になるように、自分の死後に遺言が無事に執行されるように、信頼できる人に遺言状を託して執行を任せると安心できます。**任意後見契約や死後事務委任契約をしている場合は、その相手に遺言状も託すことができます。**

遺言に関連して、もうひとつ気にしておきたいのが相続税です。

相続財産には税金がかかります。**基本的に現金で納付しなければならず、期限も定められているので、相続人の状況によっては納付に困ってしまうケースもあります。**

たとえば不動産などを相続した場合などです。

相続税は遺産総額が3000万円＋法定相続人数1人あたり600万円までは基礎控除となるので無税です。つまり、配偶者と子ども2人がいる場合は3000＋600×3＝4800万円までは税金がかかりません。基礎控除を超えて課税されそうな分についても、一定の条件を満たして認定NPO法人などに遺贈寄付を行うと、その分は課税対象にはならないので気になる場合は検討してみてください。

おわりに

ここまで本書を読んでいただき、ありがとうございました。
最後に、私が本書に込めた想いを述べたいと思います。

本編でも言及しましたが、私がこの本を書いた大きなきっかけのひとつは、友人である60代の「おひとりさま」です。
長寿化が進んだ現代の日本では、60代はまだまだ元気で現役世代といってもいいくらいだと思います。とっても楽しくいまを過ごしていらっしゃいますが、それでも「自分に何かあったら」という不安が頭の片隅にはあるわけです。元気とはいえ高齢者に入るのですから、当然ですよね。

しかし自分の身体になんら問題がないうちは、重い病気になったときのことや、介護が必要になったときのこと、ましてや死後のことについて具体的に準備をするのは、なかなか難しいものです。

友人は私に「頼むよ」と言ってくれているので、私がいろいろとお節介を焼くこともできます。でも頼れる人が身近にいない人は、実際に「壁」に直面してはじめて、できないことや足りないことに気がつき、右往左往してしまいます。しかも、それではすでに手遅れであることも少なくありません。

結果、本人の望まないかたちで生活環境が変えられてしまったり、誰にも知られないまま孤独死してしまったりするのは、やはり残念なことではないかと思います。本書で書いたような準備をすれば、防ぐことも選択できるのですから。

「死んだらそれまで」

こういわれてしまうと、たしかにそうなのかもしれません。

それでも、生きている間の不安や後悔、思い残しがないに越したことはないと、私は思います。

この本を手に取ってくださるのは、いままさに老後ひとり暮らしをしている人が多いのかもしれませんが、本書をきっかけに「老後ひとり暮らしの壁」をもっともっと幅広い世代に意識してほしいと願っています。

これから老後を迎える、ひとり暮らしの50代や60代はもちろん、その周りにいるさらに若い人たちにも「壁」を知ってもらうことで、高齢者の社会的孤立や孤独死は防げると思うからです。

これから日本では、ひとりで老後を迎える人がどんどん増えると予想されます。背景にあるのは超高齢社会だけではありません。高齢者が増えて配偶者に先立たれる人が増加するのはもちろんですが、もうひとつ考えなければいけないのは、生涯未婚率の高まりです。

日本における独身者の割合を見てみましょう。

国立社会保障・人口問題研究所の「人口統計資料集（２０２３）改訂版」によると、最新の国勢調査が行われた２０２０（令和2）年の「50歳時の未婚率」は男性が28・25％、女性は17・81％でした。

この「50歳時の未婚率」には、離婚や死別での独身者は含まれておらず、「生涯未婚率」とも呼ばれています。つまり50歳時点で未婚の人は生涯未婚である確率が高いと考えられているのです。晩婚化や非婚化がいちじるしいため、日本政府は２０１９年をもって「生涯未婚率」の表現をやめて、「50歳時の未婚率」に表記統一しましたが、民間ではいまもなお「生涯未婚率」がよく使われています。

この考え方にならえば、現在の日本では男性の3割近く、女性の2割近くは、生涯

50歳時の未婚割合の推移

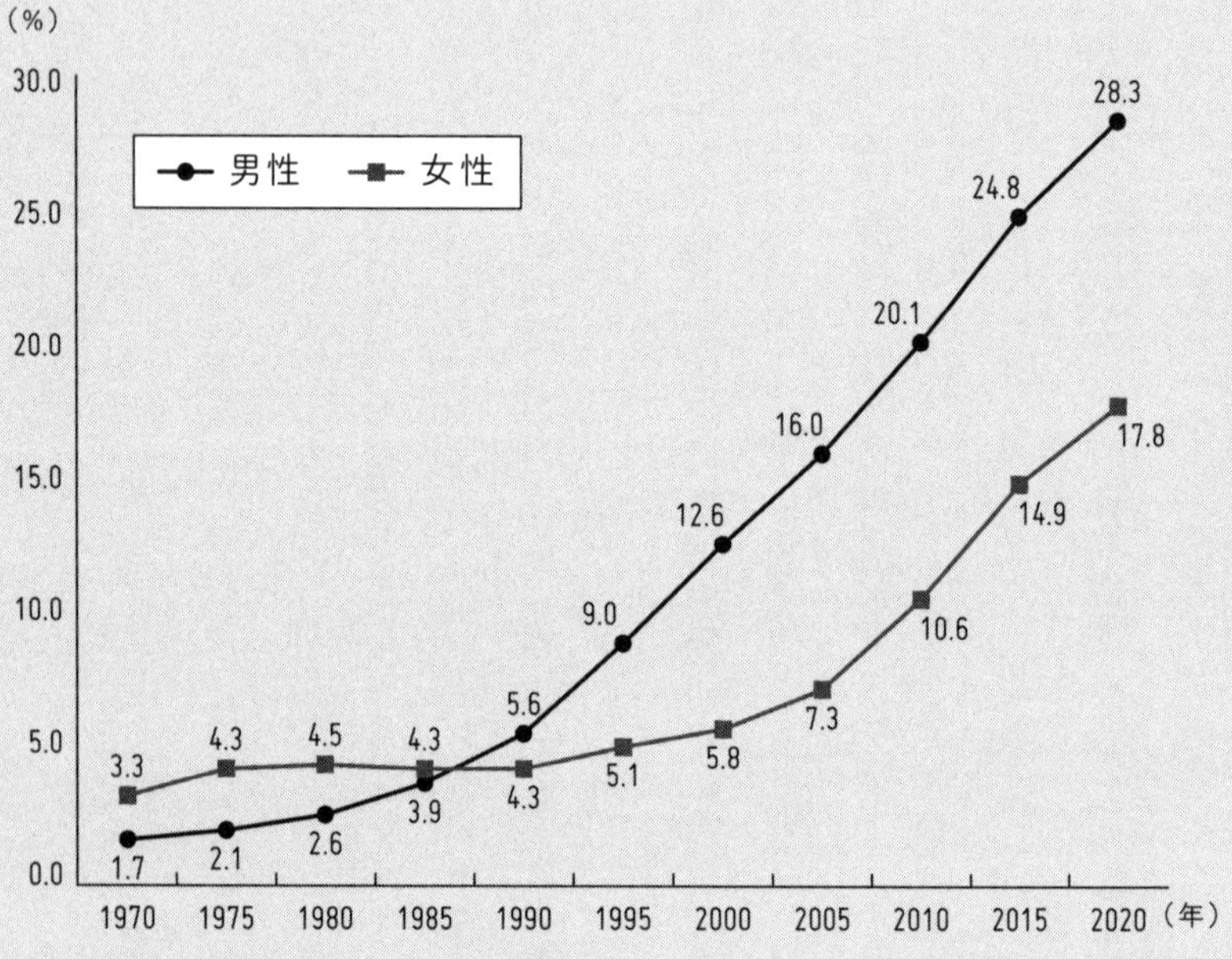

資料：各年の国勢調査に基づく実績値（国立社会保障・人口問題研究所「人口統計資料集」。2015年及び2020年は配偶関係不詳補完結果に基づく。）

出典：令和4年版 少子化社会対策白書 第1部 少子化対策の現状（第1章3）
https://www8.cao.go.jp/shoushi/shoushika/whitepaper/measures/w-2022/r04webhonpen/html/b1_s1-1-3.html#zh1-1-10

にわたって一度も結婚せずに独身のまま亡くなる可能性が高いことになります。

もちろんかつてはそうではありませんでした。社会の変化によって、生涯独身の人の割合が高くなり、「おひとりさま」や「孤独死」のリスクが高まったのが現代日本といえるでしょう。


この「50歳時の未婚率」を見るだけでも「おひとりさま」の増加はわかるのですが、実際の「おひとりさま」はこれよりももっと多い可能性があります。

なぜならば「50歳時の未婚率」には、離婚や死別によって独身に戻った人が含まれていないからです。

そこで次に単身世帯（ひとり暮らし）の割合を調べてみました。2020年に行われた最新の国勢調査によれば、単身世帯の割合は全体の38％、つまり日本では4割近くの世帯がひとり暮らしとなっているのです。

1980年には4割以上が「夫婦と子供」世帯であり、単身世帯は2割未満しかなかったことを考えれば、これもまた不可逆的な社会の変化のひとつであるといわざるを得ません。

特に女性の場合は70歳を超えてから単身世帯の割合がどんどん高くなります。子どもが巣立って夫婦二人世帯になった後に、平均寿命の短い男性のほうが先に亡くなってしまう可能性が高いからです。

結婚経験の有無にかかわらず、高齢になるほど女性はひとり暮らしを余儀なくされます。

生涯未婚の人には、結婚しないことを自ら決めた人もいれば、なんらかの事情で結婚できない人もいるでしょう。いずれにせよ昔に比べれば珍しい生き方ではなくなっているのはたしかですし、望んで独身でいる人ならばその価値観は尊重されるべきです。

世帯種類別の構成割合の変化

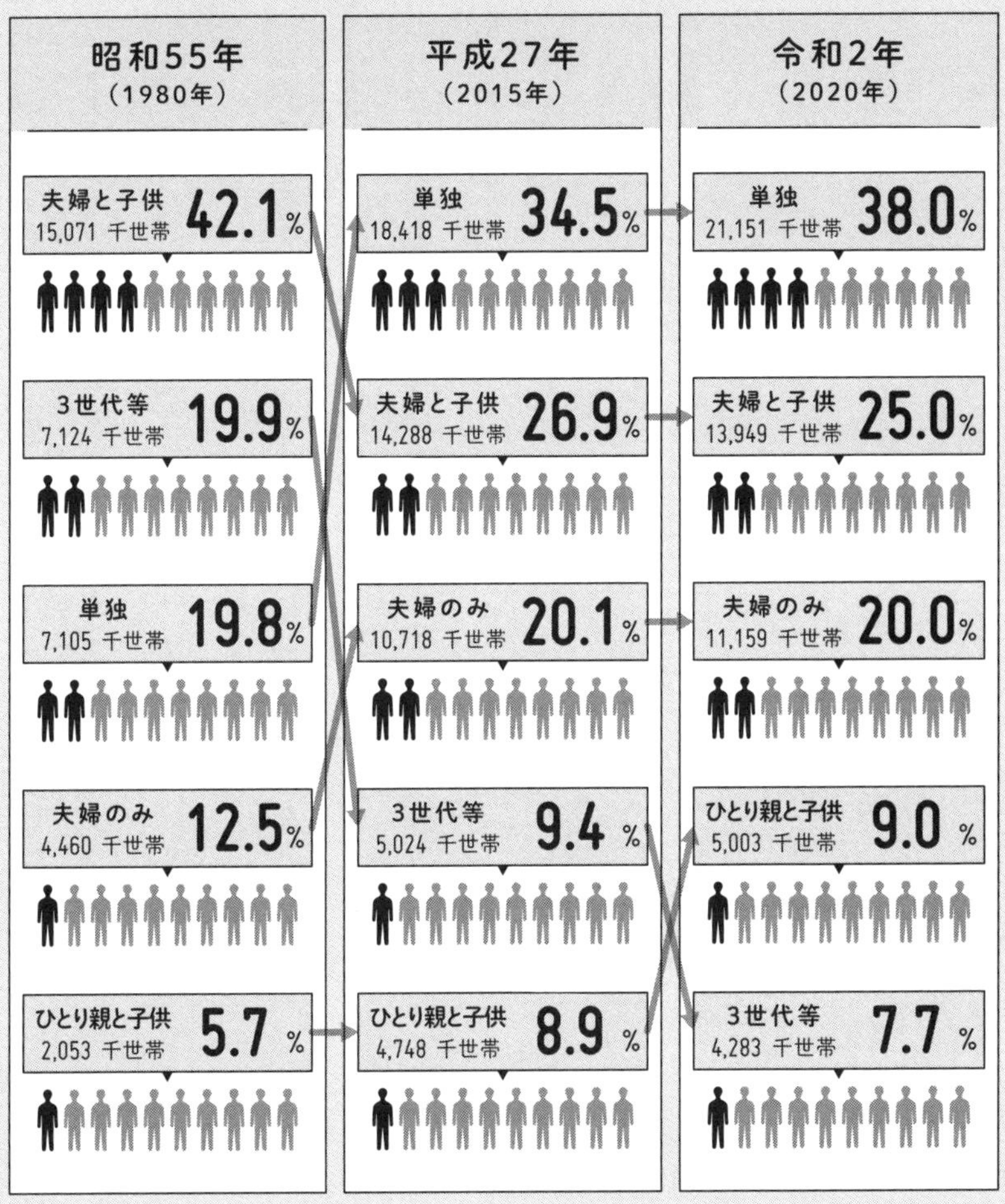

出典：1.総務省「国勢調査」より男女共同参画局作成。
2.一般世帯に占める比率。「3世代等」は、親族のみの世帯のうちの核家族以外の世帯と非親族を含む世帯の合算。

出典：結婚と家族をめぐる基礎データ 内閣府男女共同参画局 令和4年2月7日
https://www.gender.go.jp/kaigi/kento/Marriage-Family/8th/pdf/1.pdf

このような状況に鑑みれば、これから老後を迎える人たちにも、より早い段階から「老後ひとり暮らしの壁」に向き合い、備えておいてほしいと思います。

本書では壁を乗り越えるコツを「自己決定すること」と「孤立しないこと」だと述べましたが、もっともかんたんに取り入れられる対策のひとつは見守りサービスです。

しかし、警備会社や民間企業が行っている見守りサービスなどは、費用もそれなりにかかるし、まだそこまでされたくないという要望があることも知りました。

そこで私は、手軽で費用がかからず、万が一の事態にだけ対応するサービスを提供できないかと考えて、エンジニアの方の協力を得て試行錯誤を繰り返しました。

実際に孤独死をして、期間を置いて発見される人の多くは、私の経験上からいえば生活保護者など経済的弱者だったので、そのような方たちにも使えるサービスをと、できるだけ低価格での開発を心がけました。そうしてたどり着いたのが「もし活」アプリです。

これはビジネスというより啓発活動に近いのですが、遺品整理や特殊清掃の業務を行っている私たちだからこそ取り組むべき課題だと考えています。

あなたがこの本を読んで、もし共感していただけたり、「これはやってみよう」と思えたりしたならば、ぜひ知人や友人にも広めていただけると、著者としてこれほど嬉しいことはありません。

最後になりましたが、本書の制作にご協力いただいた精神科医・江越正敏さま、弁護士・森戸尉之さま、ファイナンシャルプランナー・京極佐和野さまに、この場を借りて厚く御礼申し上げます。ありがとうございました。

参考文献

荒川和久『「居場所がない」人たち ～超ソロ社会における幸福のコミュニティ論～』小学館新書、2023年
平野久美子『異状死 ～日本人の5人に1人は、死んだら警察の世話になる～』小学館新書、2022年
三国浩晃『おひとりさまで逝こう（増補版）』弓立社、2022年
門賀美央子『死に方がわからない』双葉社、2022年
武内優宏『孤独死が起きた時に、孤独死に備える時に――Q＆A孤独死をめぐる法律と実務 遺族、事務手続・対応、相続、孤独死の防止』日本加除出版、2022年
島田雄左、吉村信一『おひとりさまの死後事務委任 第2版』税務経理協会、2022年

板倉京『ひとりで楽しく生きるための お金大全「もしかして結婚しないかも?」と思ったらやっておきたい50のこと』ダイヤモンド社、2022年
酒井富士子『おひとりさまの終活準備BOOK』三笠書房、2022年
森田洋之『うらやましい孤独死――自分はどう死ぬ? 家族をどう看取る?』フォレスト出版、2021年
松田真紀子『おひとり様の相続「4つの対策」』ぱる出版、2020年
古田雄介『スマホの中身も「遺品」です――デジタル相続入門』中公新書ラクレ、2020年
大村大次郎『おひとりさまの老後対策』小学館新書、2020年
岡本純子『世界一孤独な日本のオジサン』角川新書、2018年
菅野久美子『孤独死大国―予備軍1000万人時代のリアル』双葉社、2017年
結城康博『孤独死のリアル』講談社現代新書、2014年
辻川覚志『老後はひとり暮らしが幸せ』水曜社、2013年

内田樹『ひとりでは生きられないのも芸のうち』文藝春秋、2008年
上野千鶴子『おひとりさまの老後』法研、2007年
岩下久美子『おひとりさま』中央公論新社、2001年

山村秀炯（やまむら・しゅうけい）

株式会社GoodService代表。愛知県を中心に遺品整理、生前整理などの事業を行う中で、ひとり暮らしシニアのさまざまな問題に直面。親族や友人に頼れない、頼りたくない「おひとりさま」という生き方を尊重し、なおかつ不安やトラブルなく生きていくためのサポート事業を新たに立ち上げる。

東海テレビ「スイッチ！」、名古屋テレビ「UP！」など、メディアへの出演・取材協力も多数。

老後ひとり暮らしの壁
身近に頼る人がいない人のための解決策

発行日　2024年 2月14日　第 1 刷
発行日　2024年10月21日　第12刷

著者　山村秀炯

本書プロジェクトチーム
編集統括　柿内尚文
編集担当　中山景
編集協力　田島隆雄
デザイン　岩永香穂（MOAI）
カバーイラスト　風間勇人
DTP　藤田ひかる（ユニオンワークス）
校正　荒井よし子
協力　江越正敏、京極佐和野、森戸尉之、宮崎敬士、
田代貴久＋佐瀬絢香（キャスティングドクター）

営業統括　丸山敏生
営業推進　増尾友裕、綱脇愛、桐山敦子、相澤いづみ、寺内未来子
販売促進　池田孝一郎、石井耕平、熊切絵理、菊山清佳、山口瑞穂、
吉村寿美子、矢橋寛子、遠藤真知子、森田真紀、氏家和佳子
プロモーション　山田美恵
講演・マネジメント事業　斎藤和佳、志水公美

編集　小林英史、栗田亘、村上芳子、大住兼正、菊地貴広、山田吉之、
大西志帆、福田麻衣、小澤由利子
メディア開発　池田剛、中村悟志、長野太介、入江翔子、志摩晃司
管理部　早坂裕子、生越こずえ、本間美咲
発行人　坂下毅

発行所　株式会社アスコム

〒105-0003
東京都港区西新橋2-23-1　3東洋海事ビル
TEL：03-5425-6625

印刷・製本　中央精版印刷株式会社

© Syukei Yamamura　株式会社アスコム
Printed in Japan ISBN 978-4-7762-1318-5

本書は著作権上の保護を受けています。本書の一部あるいは全部について、
株式会社アスコムから文書による許諾を得ずに、いかなる方法によっても
無断で複写することは禁じられています。

落丁本、乱丁本は、お手数ですが小社営業局までお送りください。
送料小社負担によりおとりかえいたします。定価はカバーに表示しています。